Me gusta mi cabello

TODOS LOS CUIDADOS
DE LA BELLEZA NATURAL

Élodie-Joy JAUBERT

EDICIONES OBELISCO

Si este libro le ha interesado y desea que le mantengamos informado de
nuestras publicaciones, escríbanos indicándonos qué temas son de su interés
(Astrología, Autoayuda, Ciencias Ocultas, Artes Marciales, Naturismo,
Espiritualidad, Tradición…) y gustosamente le complaceremos.

Puede consultar nuestro catálogo en www.edicionesobelisco.com

Colección Salud y Vida Natural
ME GUSTA MI CABELLO
Élodie-Joy Jaubert

1.ª edición: octubre de 2015

Título original: *J'aime mes cheveux*
Traducción: *Pilar Guerrero*
Corrección: *M.ª Jesús Rodríguez*
Diseño de cubierta: *Enrique Iborra*

© 2013, Éditions la Plage, Francia
Derechos adquiridos a través de la Agency Abiali Afidi, S. L.
(Reservados todos los derechos)
© 2015, Ediciones Obelisco, S. L.
(Reservados los derechos para la presente edición)

Edita: Ediciones Obelisco, S. L.
Pere IV, 78 (Edif. Pedro IV) 3.ª planta, 5.ª puerta
08005 Barcelona - España
Tel. 93 309 85 25 - Fax 93 309 85 23
E-mail: info@edicionesobelisco.com

ISBN: 978-84-9111-027-9
Depósito Legal: B-21.015-2015

Printed in Spain

Impreso en Gráficas 94, Hermanos Molina S. L.
Polígono Industrial Can Casablancas
Garrotxa, nave 5 - 08192 Sant Quirze del Vallès (Barcelona)

Un poco de información para causar sensación entre las amigas

Como los buenos consejos son siempre bienvenidos y el tema «cabello» nos hace vibrar a casi todas las mujeres, en esta obra nos hemos lanzado a una formidable aventura capilar. No soy médico, ni profesional de la sanidad. Los trucos que aquí comparto son sólo a título informativo y convierten a la lectora en la única responsable de sus decisiones. Ninguno de los consejos que aparecen en este libro puede sustituir una prescripción o un seguimiento médico. Como no soy una científica, no me gusta llenarle la cabeza a la gente con explicaciones teóricas complicadas. Es, por tanto, con una profunda y sincera humildad que dejo ese tipo de aproximaciones a los profesionales competentes. Por mi parte, prefiero ir directa a lo esencial: la práctica. Pero también estoy obligada a respetar cierto rigor. Voy a introducir a los lectores en el tema del cabello de modo elemental, lo más gráficamente posible, para que podamos comprender y memorizar lo esencial, sin perdernos en detalles excesivos.

Algunas cifras

Las siguientes cifras son la media y, evidentemente, fluctúan en función de diferentes parámetros nada despreciables: el estado de salud general, la contaminación, el clima, el origen étnico, la herencia familiar, la propia singularidad... Éstas son referencias que nos permiten tener una visión global de nuestro patrimonio capilar y de la vida de nuestros cabellos.

- La duración de un cabello varía entre 3 y 7 años.
- Solemos tener una media de 120.000 pelos en la cabeza. ¡Las rubias tienen más cabellos en el cráneo que el resto!
- Los cabellos que tienen una caída normal se reponen inmediatamente.
- La caída de entre 50 y 80 cabellos al día es normal.
- Los cabellos crecen más en abril y en octubre. Como el cabello nuevo «empuja» al viejo y lo hace caer, es normal que en estos meses se caiga el cabello más de lo habitual.
- El crecimiento de la longitud de un cabello varía entre 0,8 y 1,5 cm al mes.
- Un crecimiento normal está en 15 cm al año.
- Cuanto más envejece un individuo, más tarda el cabello en crecer. De ahí la importancia de cuidarse el cabello y conservarlo lo más natural que podamos para mantener su vigor el mayor tiempo posible.

Tu cabello es como tu jardín

Supongo que ya habrás visto la sección de un cabello en el cole, en ciencias naturales o en algún capítulo de la National Geographic. Hablamos de «bulbo», «tallo» y «raíz»: de este modo, es fácil imaginarse un cabello como una flor. Igual que existen diferentes familias de flores, también hay diferentes colores y tipos de cabellos.

• Los diferentes tipos o texturas fácilmente reconocibles son el cabello liso, el ondulado, el rizado y el ensortijado.
• El color del cabello lo define la melanina. Los colores de cabello fácilmente distinguibles son el rubio, el pelirrojo, el moreno y el cano. Obviamente, hay matices en cada color y por eso todos tenemos un tono distinto aunque seamos rubios, morenos o canosos. Todos tenemos reflejos y matices que nos aportan variaciones.

La queratina, se encuentra en el tallo del cabello, es una proteína fibrosa muy resistente, compuesta por aminoácidos (cisteína, cistina y metionina). Éstos son aminoácidos transportados por la sangre que nutren la raíz del cabello. Sin embargo, para que estos tres ácidos se usen convenientemente, se necesitan otros ácidos «esenciales» en forma de azufre, zinc y vitamina B_6.

Acabar con la «comida basura» capilar

Tú, igual que yo, hemos estado condicionados durante años por la industria estética, que nos ha hecho creer que no tendríamos un cabello sano si no utilizábamos tal champú o tal acondicionador.

No hace mucho tiempo que, en las estanterías de los supermercados, me dedicaba a abrir botellas para oler las fragancias de cada producto y escoger la que más me gustaba. Y así acababa en la cola de la caja, orgullosa y satisfecha por haber escogido el champú, el acondicionador y la mascarilla con los frascos más sugerentes y las fragancias más deliciosas, con el eslogan más pegadizo, pensando que con aquellos productos pondría fin a mi cabello teñido, requemado y descolorido. Al principio, usando esos tratamientos, mi cabello parecía transformado. Una auténtica proeza cosmética. ¡Qué maravilla! ¡La publicidad no era engañosa! Pero luego el efecto milagroso desaparecía y yo volvía a la búsqueda del Grial, que debía estar a la altura de las expectativas y permitirme olvidar la caspa, el cabello reseco y más frágil que antes...

Hasta que un día se me ocurrió fijar los ojos en la etiqueta de ingredientes que componían mis preciosas botellas de belleza capilar. Entonces descubrí un montón de palabras, escritas en una letrita de hormiga, en una jerigonza únicamente comprensible para la élite de mujeres con conocimientos químicos y petroquímicos. De ese modo me empecé a preguntar sobre la conveniencia de utilizar esos productos químicos desconocidos que me ponía diariamente en el cabello, entre champú, acondicionador, mascarillas, espumas y demás... ¿Mis problemas capilares estarían relacionados con esos productos, quizá poco respetuosos con mi fibra capilar y mi salud, que destruían, además, las capas freáticas de mi bonito planeta? De repente, lo vi claro. No quería seguir intoxicándome de ese modo con esa «comida basura» para el cabello. Pero ¿podría dar marcha atrás? ¿No sería ya demasiado tarde? ¿Podría conseguir resultados concluyentes a partir de cuidados naturales a base de materias primas simples y suaves? En principio no me parecía nada seguro y, además, pondría fin a todo aquel glamour que desprendían los productos para el cabello.

¿Y sí en los capítulos siguientes te demuestro que lo natural puede devolverle la vida a tu cabello respetando tu salud y el ecosistema de la Tierra? Es éste un difícil reto, pero voy a compartir esta sabiduría contigo en nombre de nuestras queridas melenas. Sigue la guía: sólo hay un paso para lanzarse a esta estupenda aproximación a los cuidados y el amor al cabello.

La belleza empieza en el interior

Alimentarse bien

La alimentación es un factor de suma importancia y no debe minimizarse su impacto sobre la salud y la belleza del cabello. La sangre transportará los nutrientes que alimentarán las raíces del cabello y les aportarán todo lo que necesitan para mantenerlos fuertes, bonitos y para que crezcan con facilidad. El cabello desnutrido en el interior aparece mustio, apagado, demasiado graso o demasiado seco, frágil a pesar de los suaves mimos que se le aporte externamente. Conviene, por consiguiente, adoptar una alimentación sana y equilibrada para tener la oportunidad de conseguir la melena de tus sueños. Prioriza el consumo de alimentos como la verdura y la fruta fresca, ingiere buenas cantidades de proteínas vegetales y animales, no olvides los cereales y las «grasas buenas» (aguacates, frutos secos, semillas, aceites ecológicos...).

La comida basura

Sin lugar a dudas ésta no es la mejor forma de alimentarse para mantener la buena salud del cabello. En efecto, esos alimentos son pobres en nutrientes y vitaminas, ricos en grasas, azúcares refinados y sal. Han perdido toda su riqueza nutricional y, si se consumen a menudo, desequilibran la salud, obstruyen los tejidos y ensucian la sangre. Si estás enganchada a este tipo de comida, aprende a espaciar su consumo poco a poco, hasta que se convierta en un placer ocasional. Evita el azúcar blanco, las harinas refinadas y las malas grasas presentes en la charcutería, los lácteos, las fritangas, la bollería industrial y los chocolates no puros.

Bases de una alimentación sana y variada según la dieta mediterránea

Todos los complementos alimenticios vitaminados que nos prometen obtener un bonito cabello no pueden reemplazar una alimentación sana y equilibrada. Vamos a aproximarnos a la dieta cretense o mediterránea para comprender qué tipo de alimentación hay que adoptar con el fin de mantener el mayor tiempo posible el capital capilar.

- Verdura a mansalva.
- 1 o 2 frutas al día.
- Prioriza el consumo de los cereales integrales.
- Añade a los guisos ajo, cebolla, hierbas aromáticas y especias (que permiten salar menos o incluso nada).

- Utiliza aceite de oliva para cocinar.
- Come legumbres, variándolas con frecuencia
- Nueces, almendras, avellanas y semillas de calabaza, de sésamo, de lino, pipas (sin sal)... pueden tomarse cada día, en pequeña cantidad.
- Consume huevos de calidad, ecológicos si es posible, pochados o al plato (de modo que la clara quede cuajada y la yema cruda).
- Limita todo lo posible los alimentos azucarados.
- No tomes muchos alimentos de origen animal (carne, embutido, pescado, marisco, huevos y lácteos) en el mismo día.
- El aporte calórico medio recomendado es de 1.800 a 2.500 calorías al día. Comer en gran cantidad fatiga al organismo y lo envejece precozmente debido a la sobreestimulación a la que lo sometemos.
- Toma el sol 20 minutos al día (evita hacerlo entre las 14 y las 16 horas) para que tu organismo sintetice la vitamina D y favorezca la absorción del calcio.
- Adopta un modo de vida activo ¡y pensamientos positivos!

Éste es un ejemplo de menú tipo cotidiano para una alimentación mediterránea (fuente, www.passeportsante.net):

Desayuno: Pan integral con aceite de oliva, yogur de cabra con miel, 1 fruta fresca y un puñado de nueces. **Almuerzo:** Ensalada, garbanzos con cilantro, arroz salvaje con verduritas y pera a la canela. **Cena.** Ensalada, sardinas en aceite, verduras al vapor con cebollino, pan integral y aceite de oliva.
Tienes que saber adaptar un tipo de alimentación así de sana a tus gustos, que convenga a tu cabello y a tu organismo.

Adoptar una actitud zen

¡El estrés es el enemigo número uno de la belleza y de la salud de nuestro cabello! Y, si no te lo crees, pregunta a un ansioso por naturaleza... Raros son los cabellos que resisten a esa terrible bestia que causa tantos destrozos. Hay que plantarle cara al estrés y controlarlo de inmediato, de lo contrario provoca caída del cabello, caspa, picores, sequedad, cabello quebradizo, apagado, poroso... ¡la lista es enorme! Para tener un bonito y vigoroso cabello hay que mantenerse sereno. Vamos a ver unas cuantas ideas que te permitirán sentirte mejor contigo mismo.

- Expresa gratitud por todas las cosas, insignificantes o importantes, que hacen tu vida más agradable y más cómoda desde todos los puntos de vista.
- Redacta una lista de frases, de afirmaciones positivas que te den energía. Léela a menudo para impregnarte de ellas.
- Escucha música que te llene de buenas vibraciones o te recuerde buenos momentos.

- Fotografía sitios bonitos, personas peculiares, situaciones que te llenen de felicidad. Así podrás sumergirte en esas emociones cuando quieras.
- Llevar un diario positivo es una forma simple y duradera de recordar cada momento feliz. Es bueno zambullirse en todos aquellos momentos que nos han resultado agradables para recordar lo bonita que es la vida.
- Tener un par de pasiones permite vivir y compartir experiencias de manera intensa y favorable para nuestro desarrollo interior.
- «¿Y qué?». Éstas son dos palabras que pueden aportar mucha serenidad cuando se están viviendo momentos difíciles. Es una forma simple de desdramatizar y de tomar distancia de los problemas.

Oxigenarse

El cabello necesita oxígeno para estar fuerte y crecer bien... Necesita vivir, así de simple. Su oxigenación se hace a través de la sangre, que revitaliza el bulbo capilar del interior. Cuanto más oxigenada está la sangre, más nutre al cabello. Para ello hay que adoptar gestos simples.

¡Respira!

La mejor respiración es la abdominal. Mucha gente pierde esta correcta respiración en el paso a la adolescencia, a causa del estrés, de los malos hábitos y por estética, porque todas las jovencitas saben que hay que meter el vientre, no abombarlo. Intenta hacer tres respiraciones abdominales profundas en momentos clave de la jornada, hasta que este gesto se convierta en una rutina: al despertarte, al desayunar, al almorzar, al cenar o antes de irte a la cama. El resto del día respira así cuando te acuerdes, hasta que te salga solo.

La actividad física

Hacer ejercicio obliga a respirar más profundamente. Ello permite oxigenar el cabello y la piel, mantener la energía y conservar el peso ideal, además de desestresar... ¡El deporte es bueno para todo!

La clorofila y el hierro

La alimentación también aporta su dosis de oxígeno. El hierro desempeña un papel importante en la oxigenación de las raíces del cabello. Un dúo de choque es la unión de hierro y clorofila. Ambos se encuentran en la verdura de color verde.

Lógicamente, la forma de conseguir que el cabello respire es respirar nosotros mismos. Somos los pulmones del cabello. No lo olvides.

Hidratar

¿Hidratar? ¿Qué es hidratar el cabello? ¿Nutrirlo? Ésta es una confusión típica.

Durante mucho tiempo he creído que cuidarme el cabello significaba nutrirlo o hidratarlo. Como si ambas palabras fuesen sinónimas. ¡No me enteraba de nada! Confundía el hambre con la sed. Cuando comemos nos nutrimos. Cuando bebemos nos hidratamos. Son respuestas a un estado de necesidad imperiosa... necesidades, sin embargo, totalmente diferentes, aunque ambas contribuyan a un perfecto estado de la salud.

Pero ¿tiene sed el cabello?

Para decirlo en pocas palabras, un cabello deshidratado es un cabello sediento. También hay que reconocer que no siempre es fácil reconocer un cabello con sed, es decir, si está deshidratado, a menos que seamos profesionales. El problema está en que un cabello deshidratado se ve seco y un cabello desnutrido se ve... seco. Así cualquiera se equivoca, ¿no? Pero hay matices que lo diferencian. Como no somos expertos en ese tipo de matices, nos volvemos locos procurándonos cuidados nutritivos, como los famosos baños de aceite, para comprobar, con el tiempo, que nuestro cabello sigue sin mejorar. Ese «ensañamiento nutritivo» sólo provoca saturación de lípidos, desde luego no habrá hambre pero sed...

Lo mismo que sucede con el resto del cuerpo, saciar el hambre y la sed es esencial y no se puede saciar uno sin la otra. Esto es fundamental para obtener resultados óptimos.

Hemos de tener claro que, en lo referente a la hidratación, podemos actuar sin límites, sin restricción alguna. En efecto, contrariamente a lo que sucede con la nutrición excesiva que deja el cabello saturado, mustio y apagado, la hidratación nunca resulta excesiva. Se puede variar, probar y crear recetas sencillas. Nunca olvides que belleza y salud riman con equilibrio. Hidrata en su justa medida porque los excesos nunca son buenos. Tenemos que escuchar las necesidades del cabello y adaptarnos a ellas, ni más ni menos.

¿Cómo hidratar el cabello?

Así como los compuestos grasos forman los cuidados nutritivos, la hidratación se compone de «agua».

¿Lavarse el cabello y enjuagarlo lo hidrata? Pues no, lamentablemente no, porque la mayor parte de agua se evapora, no penetra. Además, la mayoría de nosotros no vivimos en un entorno de aire puro y maravilloso, así que nos resulta imposible escapar a los factores cotidianos que resecan nuestro cabello: el aire «enlatado» de las oficinas, el humo de los coches, la calefacción, la cal del agua del grifo, el cloro y la contaminación en general.

Así que, para devolver vida a una cabellera sometida a rudas pruebas y completamente sedienta, tenemos que actuar de manera contundente. Para empezar, hay que conseguir una barrera que impida que el agua se escape. Vamos a ver una lista de hidratantes naturales que te sorprenderán por su sencillez y eficacia. Estos productos hidratantes pueden utilizarse solos o mezclados, elaborando mascarillas que cubran todo el cabello, desde la raíz a las puntas. Puedes dejarlos actuar de 15 minutos a 1 hora o más, pero no tiene sentido pasarse tanto tiempo con una mascarilla porque el cabello es como una esponja y, una vez saturado, no absorbe más.

El gel de aloe vera

Gracias a sus numerosas propiedades, el gel de aloe vera es la panacea de los cabellos. Nos proporciona un perfecto cuidado hidratante por su gran contenido en agua y su capacidad para retenerla en la fibra capilar. Para un cabello perfectamente hidratado ¡el aloe vera es el aliado número uno!

Se compra en las tiendas bio, en las farmacias y por Internet, en las webs de belleza natural y de productos ecológicos. Por precaución, lee siempre las etiquetas: asegúrate de la calidad de tu aloe vera verificando que sea 100 por 100 natural y que no contenga conservantes ni aditivos.

Para una mejor conservación, guárdalo en la nevera.

Los hidrolatos o aguas florales

Los términos «hidrolatos» y «aguas florales» designan el mismo tipo de productos. Según la definición de la web Aroma-zone.com: «Son aguas cargadas de moléculas activas, volátiles, de plantas».

Por su enorme variedad, los hidrolatos proporcionan cuidados específicos, naturales y sencillos. Además de su eficacia hidratante, ofrecen un notable placer sensorial gracias a su fragancia floral.

Para ayudarte a escoger la o las aguas florales mejor adaptadas a tus necesidades, vamos a ver algunos ejemplos según los tipos de cabello.

- Cabellos secos, quemados y castigados: azulino, azahar, lavanda, manzanilla (cuidado con la manzanilla, si se usa en exceso el efecto es el contrario: reseca el cabello)…
- Cabellos frágiles y finos: hamamelis, rosa, bambú, albahaca, laurel…
- Cabellos apagados: salvia (particularmente para el cabello oscuro), ylang-ylang…
- Cabellos grasos: enebro, geranio bourbon…

Los hidrolatos se aplican en espray por todo el cabello. La idea no es mojarse el cabello hasta dejarlo chorreando, sino humedecerlo. Puedes mezclar los hidrolatos para hacer recetas personalizadas.

La miel

La miel es un elixir precioso y naturalmente rico. Permite hidratar y nutrir el cabello al mismo tiempo. Aclara ligeramente el color del cabello.

Evítala en cabellos muy secos. Se aplica en el cabello húmedo o mojado. Para sacar el mejor partido, te aconsejo que no la uses sola. Hay que diluirla con otros componentes hidratantes o nutritivos.

La miel se puede comprar en todas partes, en las tiendas bio, en los colmados de barrio, en el súper... Dependiendo de tu bolsillo, opta por una miel ecológica, preferiblemente líquida, mucho más práctica para su uso que la miel sólida.

Lácteos de origen animal

Aunque no los ingieras, pásate por la nevera del súper: leche de vaca o de cabra, nata líquida, yogur natural, queso blanco... Puedes cuidarte el cabello con un montón de lácteos e incluso puede que ya los tengas en tu nevera.

Fáciles de aplicar, los lácteos son sorprendentemente eficaces en lo que concierne a la hidratación del cabello. Los ácidos y fermentos lácteos que contienen poseen una acción específica. Nunca olvides lavarte y aclararte muy bien el cabello tras la aplicación de lácteos porque, éstos, si no se eliminan correctamente, asfixian la fibra capilar y dejan un desagradable olor a agrio.

Opta por lácteos naturales, sin sabores ni conservantes... Los lácteos pueden comprarse en todas partes, desde el colmado de la esquina a una gran superficie o las tiendas bio. Atención: una vez abiertos, duran pocos días en la nevera.

Los «lácteos» vegetales

Como hacemos en la cocina, podemos reemplazar los lácteos de origen animal por los de origen vegetal: tan eficaces son unos como otros.

Puedes utilizar, como productos para el cuidado capilar, la leche de almendras, de arroz, de avena, de coco, de soja... También las cremas frescas de arroz, soja, avena o coco, por citar los más habituales. Por mi parte, prefiero la crema de coco.

Encontrarás lácteos vegetales en todas las tiendas convencionales y, por supuesto, en las tiendas bio y los grandes almacenes, así como en las webs de venta de productos ecológicos. Ten en cuenta que una vez abiertos, los «lácteos» vegetales sólo duran unos días en la nevera.

> **Atención: cabellos finos**
>
> Para el cabello fino, incluso muy fino, los cuidados con productos lácteos pueden dejar una película grasa porque son hidratantes y también nutritivos. Así que mucho cuidado con las dosis: más vale quedarse corta que pasarse.

La crema hidratante

¿Y si tu crema hidratante para la piel se convirtiera en una crema hidratante para tu cabello? Fue Mini, en su bonito blog «Les cheveux de Mini» la que me permitió descubrir este truco, que ya había leído en webs especiales para cabello afro hace un montón de años. En efecto, el cabello rizado y el ensortijado están mucho más faltos de hidratación que el resto de cabellos, y en los blogs especializados en cabellos encrespados se encuentran auténticas minas de oro en forma de información y trucos. El truco, pues, consiste en utilizar una crema hidratante de la piel no grasa como cuidado para el cabello (no como mascarilla) que te servirá para ambas cosas. Obviamente, con el fin de obtener resultados concluyentes hay que escoger cremas cuya composición sea los más «limpia» posible, ecológicas, de calidad y con una cantidad mínima de ingredientes derivados de la industria petroquímica. Puedes utilizar la crema sobre el cabello seco o tras el lavado, mientras dejas que se seque naturalmente.

¡No te embadurnes la cabeza! Tendrás suficiente con el tamaño de una almendra de crema en la mano, que frotarás y aplicarás básicamente en las puntas. Ésta es una forma simple de devolverle textura al cabello. ¡Yo lo he probado y me ha gustado!

Activos y humectantes específicos

Los siguientes productos no se encuentran fácilmente en las tiendas bio, en las farmacias ni los supermercados. Lo más fácil es comprarlos por Internet en webs como Aroma-zone.com. Estos productos activos favorecen y mantienen la hidratación del cabello, al tiempo que los fortifican.

Vamos a ver los más conocidos por su eficacia hidratante: proteínas de arroz, proteínas de soja, provitamina B_5, extracto concentrado de pepino, fitoqueratina...

En lo relativo a los llamados «humectantes» (porque ayudan a mantener la humedad), puedes utilizar la glicerina vegetal.

Los activos alimentarios fortificantes más conocidos son el MSM (azufre) y la espirulina, un alga en polvo. Estos activos se añaden a los preparados para el cuidado del cabello o directamente en el champú.

Nutrir

Al principio, los cabellos son maravillosos. El sebo es como la savia, como el lubricante, el barniz que tiene como objeto proteger nuestra fibra capilar.

En una situación ideal, el sebo sería suficiente pero, en la actualidad, no hay sebo que haga frente a las severas agresiones a que deben hacer frente la piel y el cabello. Lo cierto es que el cabello se estropea mucho: contaminación atmosférica, variaciones climáticas, rayos UVA y UVB, humos, ondas electromagnéticas... Eso sin contar con los efectos de los cosméticos de mala calidad o abrasivos a largo plazo, los tintes y el abuso de secadores y planchas para rizar o para alisar el cabello. A esta lista maléfica se añaden los perjuicios de las medicaciones, las hormonas y un estilo de vida desordenado, con una alimentación desequilibrada, pobre en nutrientes, llena de pesticidas, de metales pesados y, además, el estrés. Lo cierto es que superar todo eso es un duro combate cotidiano para el organismo que se refleja en la melena. Así pues, ¿cuáles son los cuidados adecuados para mantener y reforzar nuestro maltratado cabello?

¿Tiene hambre mi cabello?

Cabello reseco, quebradizo, en caída libre, demasiado fino, que se enreda enseguida, molestias en el cuero cabelludo... Salvo que no tengas ninguno de estos síntomas, lo más posible es que tu cabello sufra de uno o varios problemas derivados de la falta de cuidados o de cuidados poco adecuados. Como ya he explicado, el cabello tiene hambre y sed. Necesita ser nutrido en su interior y en su exterior. Cuando se habla de nutrir el cabello desde el exterior, se trata, fundamentalmente, de aportarle una alimentación adecuada basada en «buenas grasas». Dicha alimentación le permite recuperar la fuerza y la vitalidad, al mismo tiempo que una capa protectora que ayude al sebo insuficiente.

¿Cómo nutrir el cabello?

Entre los cuidados nutritivos, los aceites son un punto de referencia. Los cuidados capilares a base de aceites vegetales son tratamientos de belleza que fueron muy utilizados por las mujeres egipcias, desde la antigüedad. Gracias a su reconocida eficacia, han atravesado el tiempo, el espacio y las culturas. Por ejemplo, a las indias les gusta el aceite de coco, a las japonesas el de camelia, a las marroquíes el aceite de argán y las africanas sólo piensan en la manteca de karité. Si estos tratamientos de belleza no fueran eficaces, no se habrían transmitido de generación en generación.

Un aceite vegetal adaptado a tus necesidades cuidará tu cabello y mantendrá o reemplazará el sebo cuando sea inexistente. Además, es un ingrediente activo para fijar la hidratación de tu cabello. De este modo se verá fortificado, nutrido, brillante y más resistente. Es verdad que estamos acostumbradas a los tratamientos capilares perfectamente embalados y presentados con un eslogan contundente, sin especificar claramente su composición. Pero cuando se prueban los cuerpos grasos vegetales nutrientes se descubre que a veces las cosas más simples son las más eficaces.

Antes de seguir, tienes que saber que, si vas a usar aceites vegetales, éstos deben estar perfectamente certificados como «primera presión en frío» y ecológicos. La calidad del aceite tiene un impacto real en la eficacia de los tratamientos, así que no hay que transigir. Otro consejo: no compres muchos aceites diferentes. Ya sé que cuando una empieza los quiere probar todos, pero cuando se tiene el baño repleto de potingues, al final acabamos usando sólo un par de ellos. Una vez abierta la botella, si el aceite no se gasta se pone rancio y pierde eficacia. Tener dos o tres aceites de calidad es suficiente. Para conservarlos mejor, no dudes en meterlos en la nevera.

Los tratamientos con aceites vegetales

A menudo llamados «baños de aceite», las mascarillas de aceite vegetal son de utilización sencilla. Veamos algunos consejos.

Escoge un aceite vegetal (o una mezcla de ellos) adaptado a tus necesidades y deseos. Deja caer una gota del envase y frótala entre tus palmas para calentarlo. Sus propiedades serán ligeramente más activas. Aplica, luego, las manos aceitosas por los cabellos. Dependiendo de tus necesidades, puedes echarte dos o tres gotas directamente en la cabeza y efectuar un masaje circular. Sin embargo, esta práctica acaba por engrasar el cabello, así que hay que tener cuidado. Si se te ha quedado el cabello aceitoso, tendrás que echarte cuatro champús para eliminarlo.

Para optimizar un baño de aceite, conviene envolverse la cabeza en un plástico transparente, de cocina y, por encima de este gorro improvisado, colocar una toalla caliente (puedes ponerla un rato en el radiador). Eso permitirá al aceite penetrar mejor en el cabello porque los poros y las grietas de cada cabello se abren con el calor. Si quieres y puedes, déjalo actuar toda la noche, pero debes saber que con 20 o 30 minutos el cabello tiene bastante. No olvides que el cabello es como una esponja y que, una vez saturado, ya no absorbe más, por muchas horas que lo tengas. Retira el aceite lavándote el cabello con champú. Veamos ahora una serie de aceites vegetales, alguno de los cuales se adaptarán a tus necesidades.

Aceite de oliva

Es perfecto para los cabellos deslucidos y los cráneos irritados porque nutre en profundidad y aporta brillo. Es un aceite muy eficaz. Su único inconveniente es su olor «a comida», que incomoda a algunas personas. A mí me gusta mucho, pero advierto que aclara un poco el color.

Aceite de coco

El aroma envolvente de este aceite y su eficacia son legendarios. Es uno de los raros aceites capaz de penetrar en la fibra capilar al tiempo que la envuelve. Es mi aceite fetiche porque se adapta a todo tipo de cabello. Es muy eficaz contra las puntas abiertas y el cabello seco, y favorece decididamente el crecimiento del cabello. ¿Su particularidad? Es sólido a temperatura ambiente y se vuelve líquido con el calor, sin que esto altere su calidad.

Aceite de camelia

Se adapta a todo tipo de cabellos y los fortifica. Es el aceite de referencia para las japonesas. Tiene efecto alisador.

Aceite de ricino

Es reconocido por favorecer el crecimiento y detener la caída del cabello. Sin embargo, presenta el inconveniente de ser espeso y viscoso, por lo tanto, de difícil utilización. Es muy aconsejable emplearlo mezclado con otro tipo de aceites más fluidos. Repara con eficacia los cabellos secos y castigados.

Aceite de argán

El aceite de argán tiene olor a nueces. Es famoso por aportar brillo y flexibilidad al cabello. Forma parte de los aceites que estimulan el crecimiento. Su riqueza nutritiva está más que demostrada.

Aceite de yoyoba

Éste es un aceite que tiene por efecto reequilibrar el sebo (por falta o por exceso) al tiempo que nutre los cabellos secos y castigados. Es un elixir de juventud para la melena.

Aceite de germen de trigo

Resulta perfecto para los cabellos abundantes. ¡El cabello encrespado adora este aceite! Puntas abiertas, secas o estropeadas: nada se le resiste.

Aceite de nuez de Brasil

Es lo que se denomina un «aceite seco», que permite nutrir el cabello en profundidad sin engrasarlo, gracias a lo cual es el aliado perfecto para el cabello fino que soporta difícilmente la pesadez de los otros aceites.

Aceite de almendras dulces

Debido a su suavidad, es un tesoro para el cuidado de los bebés. Su principal cualidad consiste en dejar el cabello suave, ligeramente lubricado y en calmar el cuero cabelludo irritado. Como el aceite de avellana, se aconseja para el cabello graso.

Aceite de grosella negra

Muy eficaz, permite suavizar el cabello aportando brillo y vigor.

Aceite de aguacate

Aconsejado para cabellos secos y apagados, estimula el crecimiento aportando brillo y vigor.

Aceite de brócoli

Es especialmente útil en el cabello rizado y encrespado porque define los rizos. Mantiene la hidratación del cabello sin acartonarlo.

Aceite de nuez de macadamia

Resulta muy eficaz para el cabello rizado, al que devuelve el tono.

Manteca de karité

De la misma familia que los aceites vegetales, la manteca de karité es muy conocida entre las mujeres africanas. Nutre en profundidad la fibra capilar y su eficacia está más que demostrada. Su forma de «manteca» la hace singular. La manteca debe calentarse entre los dedos para facilitar su aplicación.

Otros tratamientos capilares: ¡a la cocina!

Utilizar alimentos para cuidarse y mantener el cabello en plena forma puede parecer algo excéntrico. A veces tengo la sensación de estar malgastando alimentos que le sentarían la mar de bien a mi estómago. En general, nos parece mejor comprar un producto industrial caro que usar un huevo, un aguacate o un plátano. Sin embargo, nuestras abuelas empleaban muchos productos alimenticios como secretos de belleza. Lo cierto es que, entrar en la cocina, es una aproximación tan eficaz como económica. Así que, si aún no lo has probado ¡empieza ya!

El huevo

Por su alto contenido en azufre, el huevo es un ingrediente clave en el cuidado del cabello. La clara contiene proteínas, y ésta y la yema, colesterol, que es una fuente de hidratación. Puedes escoger entre usar todo el huevo o sólo la yema. Evidentemente, en ambos casos estamos hablando de huevo crudo, que puedes emplear solo o con algún otro elemento. El uso del huevo crudo requiere de atención en el momento del aclarado: ¡el agua caliente puede cocerlo! Lo mejor es usar agua fresca o ligeramente tibia para retirarlo.

El aguacate

Vitamina B, minerales... el aguacate proporciona un tratamiento fantástico para todos los tipos de cabello. Nutre, hidrata, protege y alisa, cerrando grietas y poros. Para aplicarlo fácilmente, basta con hacer un puré. Lo mejor es pasarlo por la batidora para obtener una mezcla fina y homogénea. Puede ser utilizado como tratamiento único o en alguna mezcla específica.

El plátano

El plátano tiene las mismas propiedades que el aguacate pero con un plus de vitaminas. Para un tratamiento eficaz, hay que escoger plátanos maduros y chafarlos en forma de puré. Como con el aguacate, mejor usar la batidora para obtener un resultado perfecto. Pero éste es un tratamiento que resulta viscoso, pegajoso, por culpa de la fructosa, que requiere un aclarado abundante e intenso. El plátano es muy eficaz para devolverle al cabello la flexibilidad, la textura y el brillo que debería tener.

Hidratación y nutrición: unas cuantas recetas.

Ahora que hemos hecho un repaso de los productos naturales que tenemos a nuestra disposición, te propongo unas cuantas recetas básicas para mantener y embellecer tu melena. Estos ejemplos te darán ideas para crear tus propias composiciones, adaptadas a tus necesidades específicas.

Las recetas aquí propuestas están pensadas para medias melenas. Si tienes el cabello muy largo dobla las cantidades.

Mascarilla para cabello seco y fino

1 aguacate – 1 yogur
Reduce ambos a un puré homogéneo. Utiliza una batidora. Aplica la mascarilla sobre el cabello humedecido con agua caliente. Deja actuar de 20 a 30 minutos. Después, enjuaga y aplica el champú.

Mascarilla para cabello seco

1 cucharada de aceite de oliva de primera presión en frío – 1 cucharada de miel líquida – 2 cucharadas de hidrolato a escoger – 3 gotas de aceite esencial de limón
Aplica la mezcla sobre el cabello humedecido con agua caliente. Deja actuar de 20 a 30 minutos. Después, enjuaga y aplica el champú.

Mascarilla para cabello flexible y brillante

½ plátano maduro – 1 yema de huevo – 1 cucharada de aceite de oliva – 1 cucharada de miel líquida
Aplica esta mezcla sobre el cabello humedecido con agua caliente. Deja actuar de 20 a 30 minutos y después enjuaga bien con agua fría (nunca caliente, o cocerás el huevo). Aplica el champú y lava normalmente.

Mascarilla para una hidratación intensa

1 cucharada de nata espesa – 1 cucharada de aceite de oliva
Aplica esta mezcla sobre el cabello humedecido con agua caliente.
Deja actuar entre 20 y 30 minutos, enjuaga bien y aplica el champú.

Mascarilla para tener el cabello liso y suave

1 yogur natural – 1 cucharada de miel líquida
Aplica esta mezcla sobre el cabello humedecido con agua caliente.
Deja actuar entre 20 y 30 minutos, enjuaga bien y aplica el champú.

Mascarilla para el cabello graso

4 cucharadas colmadas de arcilla verde – 2 cucharadas de
hidrolato de romero y lavanda – 1 cucharada de aceite de yoyoba
Prepara una pasta lisa y homogénea. Aplica esta mascarilla sobre
el cabello humedecido con agua caliente. Deja actuar entre 20 y 30
minutos. Enjuaga bien y aplica el champú.

Mascarilla para las puntas secas

1 cucharada de aceite de oliva o de aceite de argán – 2 cucharadas
de miel – 1 cucharada de vinagre de sidra bio o 1 cucharada de
hidrolato de hamamelis
Prepara una pasta lisa y homogénea. Aplica esta mascarilla sobre
el cabello humedecido con agua caliente, específicamente en las
puntas. Deja actuar entre 20 y 30 minutos. Enjuaga bien y aplica el
champú.

Mascarilla para conseguir brillo e hidratación

1 yema de huevo – 1 cucharada de miel – 1 cucharada de aceite
de coco – 1 cucharada de zumo de limón
Prepara una pasta lisa y homogénea. Aplica esta mascarilla sobre
el cabello humedecido con agua caliente. Deja actuar entre 20 y 30
minutos. Enjuaga bien y aplica el champú.

Mascarilla para nutrir e hidratar

1 yogur – 2 cucharadas de gel de aloe vera – 1 cucharada de aceite de nuez de coco a temperatura ambiente
Prepara una pasta lisa y homogénea. Aplica esta mascarilla sobre el cabello humedecido con agua caliente. Deja actuar entre 20 y 30 minutos. Enjuaga bien y aplica el champú.

Mascarilla para un cabello deslucido

1 huevo – 1 cucharada de aceite de oliva – 1 cucharadita de vinagre de sidra bio
Prepara una pasta lisa y homogénea. Aplica esta mascarilla sobre el cabello humedecido con agua caliente. Deja actuar entre 20 y 30 minutos. Enjuaga bien con agua fresca (para que no se cueza el huevo) y aplica el champú.

¡Nada más simple para embellecer tu melena! Ya ves que puedes divertirte con todo lo que tengas en la cocina y en la nevera. Las variaciones son infinitas y siempre serán buenas para tu cabello. Sólo tienes que tener presente que en tus tratamientos para el cabello debe haber un elemento hidratante y un elemento nutritivo. Y ya está. El componente hidratante debe estar presente en cantidad igual o superior al componente nutritivo porque, si la grasa es excesiva, el cabello se pondrá aceitoso y apelmazado.

Te aconsejo aplicar este tipo de mascarillas una vez por semana, no más. Es mejor hacer tratamientos regulares pero espaciados que practicarlos muy a menudo y dejarlos luego. ¡El placer de embellecer tu cabello desempeña un papel fundamental en los resultados!

«Detox»: los aceites esenciales

Este género de tratamientos es eficaz para recuperar la salud del cabello: se verá fortificado, abundante, más liso y suave. Sin embargo, no se puede «reparar» un cabello ya estropeado o roto.

Los anuncios publicitarios de cosméticos que, con eslóganes pegadizos, venden la idea de reparar lo que ya está roto mienten. Las siliconas químicas contenidas en estos productos dan la impresión de que se logra reparar el cabello, pero su efecto se puede comparar al que produce el empleo de una tirita para intentar curar una gangrena. Dichos productos no impiden al cabello seguir un proceso degenerativo y, además, resultan nocivos porque lo asfixian. Optar por productos naturales y ecológicos es aceptar el cabello en su singularidad y actuar sobre su textura íntima, sin artificios ni postizos, con lo que se obtienen resultados significativos y duraderos. La transición, sin embargo, puede ser difícil, puesto que su empleo produce la sensación de que se tiene el cabello aún más feo y con resultados poco concluyentes. Pero no te inquietes, tras la etapa «detox» las aguas vuelven a su cauce. ¡Sólo necesitas un poco de paciencia para conseguir la recompensa! No obstante, algo «natural» no significa que esté exento de peligro. Si tienes dudas consulta con el médico, el farmacéutico o el dependiente de la tienda bio. No hagas de alquimista o te dejarás el cabello en el camino... Los aceites esenciales deben utilizarse siempre con total precaución porque están muy concentrados. Pueden provocar quemaduras e irritaciones cutáneas. Su uso están completamente prohibido en las mujeres embarazadas o lactantes, porque llegan a la sangre. Evita todo contacto de los aceites esenciales con las mucosas y mantenlos siempre alejados de los ojos. En caso de contacto con los ojos, no los enjuagues con agua, sino con un aceite suave, y consulta rápidamente con un médico. Los aceites esenciales deben mantenerse fuera del alcance de los niños.

Concretando: los aceites esenciales son los mejores aliados del cabello. Basta con emplear unas pocas gotas para sacarles todo el partido. Si se añaden al champú, se estimulará el cuero cabelludo y fortalecerá las raíces, lo que favorecerá el crecimiento de cabello sano. A causa de su fuerte potencial activo, es preferible no abusar de ellos y usarlos en tratamientos cada 21 días, como mucho (es decir, con un mínimo de 21 días entre tratamiento y tratamiento).

Lavanda

Perfecta para los cueros cabelludos desequilibrados (demasiado grasos, con caspa, picor...) porque purifica. La lavanda impide el desarrollo de ciertos hongos microscópicos que favorecen la caída del cabello. Gracias a su fragancia fresca y calmante, su empleo resulta agradable.

Ylang-ylang

De peculiar aroma sensual y afrodisíaco, es un aceite esencial que aporta brillo y vigor, favoreciendo el crecimiento del cabello.

Árbol de té

Su aroma es fuerte y herbáceo. Es muy eficaz en la regulación de la producción de sebo, actúa contra la caspa y otras formas de irritación del cuero cabelludo. Por lo tanto, es un perfecto aliado para luchar contra la caída del cabello.

Romero

Su característico olor sureño es uno de los más agradables. El romero suele hallarse en la composición de todos los cosméticos anticaída. Resulta ideal para mantener el volumen capilar.

Jengibre

El jengibre tiene un aroma agradablemente cálido y especiado. Su aceite esencial consigue abrillantar, fortificar y revitalizar el cabello. Dado que mejora la circulación sanguínea, también favorece el crecimiento del cabello.

Palosanto

Su característico aroma recuerda al de los clavos de olor. Se aconseja su uso por sus cualidades reparadoras y equilibrantes. Además, evita la caída del cabello y favorece el crecimiento.

Aceites esenciales especiales para cabello seco

Lavanda, geranio, romero, ylang-ylang...

Aceites esenciales especiales para cabello graso

Árbol de té, lavanda, romero, salvia, pomelo, limón, albahaca...

Aceites esenciales especiales contra la caspa y la irritación

Árbol de té, lavanda, romero, menta, albahaca...

Aceites esenciales para cabello frágil, quebradizo y estropeado

Limón, geranio rosa, romero...

Aceites esenciales contra la caída y la pérdida de volumen

Jengibre, canela, romero, limón, palosanto...

Consejos para usar correctamente los aceites esenciales

Ahora que conoces los aceites esenciales con una acción específica y eficaz para embellecer el cabello, sólo te falta tener en cuenta algunas reglas elementales para dosificarlos correctamente, manipularlos bien y sacarles el mayor partido.

- No uses aceites esenciales si estás embarazada o sospechas que puedes estarlo, tampoco si estás amamantando a tu bebé o si tienes problemas serios de salud. Pide siempre consejo a un médico o farmacéutico. Ya sé que me repito más que el ajo ¡pero es que esta cuestión es muy importante!
- Utiliza los aceites esenciales diluidos (en un aceite vegetal, en una mascarilla, en el champú...) y nunca directamente sobre la piel.
- Los aceites esenciales no son solubles en agua. Los excipientes apropiados son los aceites vegetales, los champús, las mascarillas, las cremas, la miel...
- Una gota de aceite esencial debe disolverse en el equivalente a una cucharadita de café, esto es, unos 5 ml. Los frascos de aceites esenciales suelen llevar un cuentagotas para facilitar la administración de las dosis.
- Todos los aceites esenciales de los cítricos (pomelo, limón, azahar, bergamota...) son fotosensibilizantes. Tras su aplicación, espera 12 horas antes de exponerte al sol.
- Una vez abiertos, los aceites esenciales tienen una vida de entre 6 y 12 meses. Guárdalos en un lugar seco y alejados de la luz.
- Pruébalos primero antes de usarlos. Para saber si te puede producir una reacción alérgica, aplica una gota en el pliegue del codo y deja pasar de 12 a 24 horas. Si hay alguna reacción cutánea, no utilices más ese aceite esencial.

Tratamiento revitalizante

Ahora vamos a presentar una idea de tratamiento con aceites esenciales que aportará volumen, hidratación y nutrición al cabello (prohibido su uso en las mujeres embarazadas y/o lactantes, en las personas enfermas o de frágil salud). 1 huevo – 2 cucharadas de hidrolato de romero – 1 cucharadita de miel líquida – 1 cucharadita de aceite de oliva – 1 cucharada de gel de aloe vera – 2 gotas de aceite esencial de limón – 3 gotas de aceite esencial de jengibre. Bate el huevo en un bol y añade el resto de los ingredientes. Bátelo todo bien con un tenedor. Verás que la mezcla obtenida es bastante líquida. En el lavabo, aplica el tratamiento mecha a mecha, por todo el cabello seco o ligeramente humedecido (ten cuidado de que no te entre en los ojos). Termina masajeando el cuero cabelludo. Deja actuar entre 20 y 30 minutos y, después, aclara bien con agua fresca (no uses agua caliente para que no se cueza el huevo). A continuación, ya puedes lavar el cabello con el champú.

La exfoliación

¿Te sorprende la exfoliación del cuero cabelludo? A primera vista, ¿te produce casi miedo porque parece que va a irritar el cuerpo cabelludo y favorecerá la caída del cabello?

Pues, precisamente, consigue todo lo contrario. La piel de nuestro cuero cabelludo es tan piel como la del cuerpo o de la cara. *La exfoliación se lleva a cabo siempre antes de utilizar el champú.* Atención: la exfoliación sólo debe realizarse una vez al mes para evitar irritaciones. Pero, si hay algún problema concreto, se podrá practicar cada una o dos semanas a título curativo, como sería el caso de un problema de caspa o de grasa. No debe emplearse en casos de cuero cabelludo irritado o problemas cutáneos como hongos, psoriasis, eccema...

¿Para qué sirve la exfoliación del cuero cabelludo? Este tratamiento eliminará impurezas, desprenderá las pieles muertas, la caspa, estimulará la circulación sanguínea y, por tanto, la oxigenación de los bulbos para tener el cabello más fuerte, lo que favorecerá, a su vez, un mejor crecimiento. También aportará más volumen gracias a la liberación de las raíces.

¿Con qué se hace un exfoliado capilar? Primer ingrediente esencial, un elemento granulado: sal granulada (más abrasiva), azúcar, café molido... Luego añade un ingrediente hidratante y un ingrediente nutritivo. También puedes optar por utilizar simplemente agua, que será un poco más secante para los cabellos.

¿Cómo se aplica la exfoliación capilar? Se hace con el cabello preferentemente seco, raya a raya, sobre todo el cuero cabelludo, como si se tratara de un tinte de la raíz. Si aplicas correctamente el exfoliante, debes notar que te toca la piel del cráneo. Luego da un masaje circular y suave en todo el cuero cabelludo. Deja actuar 5 minutos, enjuaga y con agua clara y un enjabonado.

4 recetas de exfoliantes para el cuero cabelludo

Receta 1: 2 cucharadas de azúcar de caña – 2 cucharadas de aceite de oliva – 2 cucharadas de miel líquida.

Receta 2: 1 cucharada de bicarbonato sódico – 1 cucharada de sal – 2 cucharadas de yogur natural.

Receta 3: 1 cucharada de aceite de ricino – 1 cucharada sopera de leche de coco – 2 cucharadas de zurrapa de café (posos).

Receta 4: 2 cucharadas de leche de coco – 1 cucharada de gel de aloe vera – 3 cucharadas de caña de azúcar.

Descubrirás una sensación de limpieza profunda e intensa y notarás que el cuero cabelludo está como nuevo. Los cabellos se ven más voluminosos tras la exfoliación.

El champú

La palabra «champú» viene del hindú «champna», que significa «amasar». Los primeros champús no producían espuma. Se trataba de hacer masajes craneales seguidos de baños de vapor.

En la actualidad, ponerse el champú significa, básicamente, lavarse la cabeza y no se piensa en ningún masaje craneal, que es el origen de la palabra. En la década de 1930 apareció el primer champú para «el gran público» tal y como lo entendemos hoy en día.

Como comprenderás, desde el «champna» primitivo que se basaba en los gestos de un masaje, de acuerdo con la naturaleza y con todo el respeto por la fibra capilar, hemos ido evolucionando hasta el uso de una base limpiadora que suele componerse de tensioactivos, colorantes, perfumes... Sustancias todas ellas que acaban dañando, a largo plazo, la película protectora del cabello y, además, contaminan las capas freáticas.

Afortunadamente, eres libre de escoger lo que quieras, pero hazlo siempre con conocimiento de causa. Te propongo descubrir otras formas de lavarte el cabello de una forma «globalmente» respetuosa.

> ## ¡He hecho de todo y mi cabello sigue mustio!
> A veces el cabello está tan estropeado que todos los tratamientos resultan ineficaces. En ese caso, no hay más solución que cortar hasta encontrar la longitud en que el cabello está sano y apto para dejarlo crecer. El cabello puede mejorar si se cuida y se conserva mediante cuidados y tratamientos adecuados. Lo que es imposible es recuperarlo totalmente como si estuviera perfectamente sano.

¿Por qué tenemos que lavarnos el cabello?

Sudor, contaminación, polvo, residuos de tratamientos capilares, bacterias, caspa... El cabello se ensucia mucho, permanentemente. Es evidente que si vivimos en un medio urbano la cosa empeora. La suciedad se mezcla con el sebo y va creando capas de suciedad aceitosa que asfixian al cabello. Y son todas esas «marranadas» las que el champú se encarga de eliminar.

La importancia de escoger bien el champú

Lo primero que hay que hacer, en el caso de que optemos por los tratamientos naturales, es escoger un champú «suave» exento de sulfatos y componentes petroquímicos que suelen asfixiar la fibra capilar y agreden el cuero cabelludo. Conviene escoger siempre un champú de uso diario, aunque no nos lavemos el cabello cada día, por su suavidad y porque suelen ser para todo tipo de cabellos. Adopta una buena costumbre: ¡lee las etiquetas! Mejor aún: descífralas porque constituyen un auténtico galimatías para las consumidoras profanas como somos la mayoría de nosotras.

Los principales componentes del galimatías que encontramos en las etiquetas
- **Los más nocivos:** ammonium lauryl sulfato, phenoxyéthanol, polietileno glycol, polipropileno glycol, poliquartenium, quartenium-80, sodio lauret sulfato, sodio lauryl sulfato, sodio lauryl sulfoacetato, sodium myreth sulfato.
- **Los que deben evitarse:** cocamydopropyl betaine, disodium cocoamphodiacetato, disodium laureth sulfosuccinato, guar hydroxypropyltrimonum chloride, sodium coco sulfato.
- **Los que se pueden tolerar:** cetearyl alcohol, cetyl, coco glucoside, decyl glocuside, disodium cocyl glutamate, laurdimonium hydroxypropil hydrolyzed wheat protein, lauryl glucoside, sodium cocoamphoacetate, sodium cocoyl glutamate, sodium cocoyl hydrolized wheat protein, sodium cocoyl hydrolyzed wheat protein glutamate, sodium lauryl glucose carboxylate & lauryl glucoside, sodium lauroamphoacetate.

¿Es malo el alcohol en el champú?
Si eres alérgica o si tu cuero cabelludo tiene heriditas, sí. Pero el alcohol es un componente frecuente y, aunque no aparezca en primer lugar en las etiquetas, sirve para estimular la circulación de la sangre en el cuero cabelludo y reemplaza eficazmente los conservantes químicos.

¿Resulta demasiado complicado para ti entender toda esa jerga?
¡Pues claro! Te comprendo perfectamente. Lo único que tienes que tener en cuenta es que todos esos colorantes, perfumes, agentes conservantes, aditivos y activadores químicos son sólo marketing. Asfixian nuestro cabello, al que puedes lavar perfectamente sin todos esos componentes impronunciables. Para hacer las cosas mejor, escoge champús naturales y ecológicos, sin sulfatos ni siliconas.

Me he comprado un champú que no hace espuma, ¿significa eso que no limpia bien?

Todo lo contrario. Un champú que no hace espuma es mucho más suave y respetuoso con tu cabello. La espuma es un efecto del marketing que no tiene relevancia alguna en la eficacia del lavado.

¿Tienes poco presupuesto?

Eso no es un problema: hay productos capilares ecológicos para todos los bolsillos, siempre con una buena relación calidad-precio.

¿Con qué frecuencia hay que lavarse el cabello?

Tener el cabello sucio, apelmazado y aceitoso no es nada agradable. Produce malestar e incomodidad. En cambio, ¿hay algo mejor que una cabellera limpia, sedosa y brillante para sentirse bien con una misma? La frecuencia del lavado dependerá del estado del cabello. Hay gente partidaria de espaciar los lavados para evitar que se les quede el cabello mustio y sin brillo. Esto es cierto porque lo componentes de los champús, incluso los que son «suaves» o los llamados «de uso frecuente», desequilibran el cuero cabelludo, favoreciendo la aparición de grasa en las raíces y las puntas resecas. Pero, como estoy segura de que vas a cambiar tus viejos hábitos y reemplazar los champús de siempre por otros naturales, ecológicos y adaptados a tu propio cabello, podrás lavarte la cabeza cada 2 o 3 días sin estropearte la melena. Espaciar el champú es esencial, siempre y cuando se lleve el cabello limpio. Debes estar atenta para saber cuándo se te empieza a ver el cabello sucio, graso o mate, para conocer de manera precisa el tiempo que debe transcurrir entre un lavado y otro. También dependerá de tu forma de vida, porque depende de dónde trabajes puede que el cabello te huela mal o si practicas un deporte intenso sudarás y se te ensuciará más el cabello... Llevar el cabello sucio con el fin de espaciar los lavados tampoco es la solución porque éste no respira y acaba estropeándose a causa de la asfixia.

Buenos hábitos para un buen lavado

Sea cual sea tu tipo de cabello (lacio, rizado, ondulado, encrespado, largo, semilargo o corto), es importante prepararlo para el champú. Para ello, bastará con cepillarlo (*véase* pág. 41), de manera que te lo laves cuando esté desenredado. Después viene la etapa del mojado a temperatura tibia. Toma una dosis de champú de acuerdo con la longitud de tu cabello, usualmente será una cucharadita de café. Aplica el champú por toda la cabeza y masajea. Para ello usa la yema de los dedos, no las uñas, con gestos suaves, concéntricos, que bien efectuados aportan serenidad y bienestar. No dudes en insistir en las zonas más sensibles (nuca, detrás de las orejas) o en zonas que te duelan un poco. Aclara y repite el proceso. En el segundo enjabonado necesitarás menos champú. El masaje será, ahora, más rápido e incluirá el resto del cabello, hasta las puntas. Aclara con abundante agua para que no queden restos de jabón. ¿Por qué hay que enjabonarse dos veces? Porque el primer enjabonado es para despegar la suciedad de la superficie y, el segundo, para limpiar en profundidad.

Truco: diluye una dosis de champú en un pequeño bol de agua y aplícalo sobre el cabello mojado. Este gesto resultará mucho más suave para tu cuero cabelludo y no gastarás tanta cantidad de champú.

Elaborar nuestro propio champú

Aquí tenemos un par de recetas para variar y conseguir champús más naturales. Compra una base neutra (que puedes encontrar en la web Aroma-zone. com, por ejemplo) y añade los ingredientes de tu elección.

Vamos a ver un ejemplo: 2 partes de base neutra por 1 parte de aceite vegetal de primera presión en frío y 1 parte de gel de aloe vera. También puedes añadir 2 o 3 gotas de aceite esencial de tu gusto.

Ésta es una receta de champú casero para cabellos mixtos: 2 cucharadas de base neutra, 1 cucharada de aceite de yoyoba, 1 cucharada de gel de aloe vera y 3 gotitas de aceite esencial de ylang-ylang.

¿Qué tal un champú casero hecho con huevos?

Con este ingrediente basta para lavarse el cabello y aportarle suavidad y volumen. También puede sustituir una crema acondicionadora. El huevo es un 2-en-1 que marca la diferencia. Quien lo prefiera puede añadir 2 o 3 cucharadas de hidrolato de su gusto (lavanda, romero, salvia...) o 1 cucharada de ron o de cerveza. Si usas estas dos últimas opciones no te preocupes, porque el olor a alcohol desaparece en minutos. Pon todos los ingredientes en una botellita, agita bien y usa la totalidad del preparado ya que no se puede conservar. La primera vez no te gustará, te parecerá un potingue pastoso que no hace espuma ni parece limpiar. Pero, una vez te hayas aclarado bien con agua tibia o fría (¡caliente no, que se cocerán los huevos!), tendrás el cabello sedoso y limpio.

La calidad del agua

La cal es el peor enemigo del cabello. Tiene el mismo efecto que tendría en nuestras venas (sin contar con el daño que le hace a la piel). La cal lo obstruye todo, lo deja todo mate, cuesta horrores limpiarla, se pega y se incrusta... Según las regiones, el agua es más o menos dura en función de sus niveles de cal. Afortunadamente, existen soluciones sencillas para este problema: te aconsejo que inviertas en un filtro antical (de venta en tiendas especializadas o en Internet) que podrás adaptar a tu ducha con facilidad, o al grifo de la bañera. Yo he podido comprobar la eficacia de estos artefactos y te puedo asegurar que la diferencia en el cabello es visible desde el primer momento.

El acondicionador

El acondicionador es como el último brochazo que termina la obra. Aporta un toque final, brillo (en ocasiones se habla de «efecto espejo»), flexibilidad, alisa las fibras y desenreda el cabello. Pero ¿realmente su uso es indispensable?

Sí y no... Se aconseja vivamente si te has pasado a los tratamientos naturales y ecológicos porque, sin siliconas, el cabello te parecerá un poco reseco (ya que su auténtico estado de salud se revela de repente). Esto te pasará si no has preparado el cabello con un buen tratamiento antes de enjabonarlo, si tienes el cabello rizado con tendencia a encresparse, si tu cabello tiende a enredarse y a llenarse de nudos o si el agua del aclarado es dura y calcárea, si tu cabello es tan rebelde que no hay quien lo peine o si lo tienes realmente muy seco.

Cómo aplicarse un buen acondicionador

Como su nombre indica, este tratamiento acondiciona el cabello después de haberlo lavado. Aplícalo en todo el cabello, a lo largo de la melena y no directamente en el cuero cabelludo, dado que de esta forma se engrasaría inútilmente (salvo en el caso de que tengas un cabello realmente castigado y tan reseco que necesites darle tratamiento desde la raíz misma). Deja actuar el acondicionador durante unos minutos. La duración de este tratamiento es menor que la de un tratamiento profundo (baño de aceite, mascarilla...); puede variar entre 2 y 5 minutos, según el tiempo de que dispongas. Después, aclara con abundante agua tibia hasta que el cabello esté completamente libre del producto y el agua salga clara.

Escoger un buen acondicionador

Hay numerosas marcas de acondicionadores ecológicos que ofrecen toda la gama de posibilidades para cada tipo de cabello. Ocúpate, simplemente, de leer los ingredientes que se indican en las etiquetas para asegurarte que no incluyen siliconas ni componentes nocivos.

¡Cuidado con el cabello fino! Un acondicionador puede, fácilmente, apelmazar el cabello y las mujeres con poco cabello no se verán precisamente guapas con el cabello apelmazado y sin volumen. Mantén la atención a las reacciones de tu cabello con cada producto que utilices. Es bueno probar las muestras que nos regalan en las tiendas antes de lanzarse a comprar un producto que igual es caro y no utilizaremos nunca porque no nos deja el cabello a nuestro gusto.

Elaborar nuestro propio acondicionador

Las siguientes recetas son eficaces y naturales, pero no tienen la textura cremosa de los acondicionadores industriales. No creas que podrás desenredarte el cabello con ellas: deberás desenredarte antes.

Receta 1: 1 yema de huevo – 1 zumo de limón colado – 1 cucharadita de miel. Pon todos los ingredientes en un recipiente pequeño y mezcla bien con un tenedor. Tras haber aclarado bien tu cabello limpio, aplica esta mezcla a lo largo de tu cabello (no en el cuero cabelludo). Deja actuar 5 minutos y aclara con agua fría. Atención: esta receta contiene huevo, por lo tanto, no deberá enjuagarse con agua caliente para que no se cueza el huevo.

Receta 2: Pon un puñado de copos de avena en un vaso grande y cúbrelos con agua mineral (1 parte de copos por 7 de agua). Mezcla hasta que el agua tenga un aspecto lechoso: habrás conseguido leche de avena. Filtra la preparación y reserva el líquido en una botellita con vaporizador. Aplica en el cabello tras el lavado. Este espray se conserva 3 días en la nevera.

Receta 3: El agua de arroz, rica en almidón, es perfecta para alisar, fortalecer y dar brillar al cabello. Sin embargo, aporta cierta pesadez.

Conserva el agua de cocción del arroz y deja que se enfríe. Para elaborar un acondicionador con ella, añade 1 huevo y 3 o 4 cucharadas de agua de arroz hasta obtener una crema homogénea. Coloca la preparación en una botella. Tras su aplicación, aclara con abundante agua fría.

Atención: esta receta contiene huevo, por lo tanto, no deberá enjuagarse con agua caliente para que no se cueza el huevo. Puedes elaborar este acondicionador sin el huevo, utilizando exclusivamente el agua de arroz.

El aclarado

El aclarado con agua fría

¿Por qué someterse a semejante tormento? Porque el agua caliente estropea el cabello, del mismo modo que la piel se quema con una fuente de calor ardiente. Con el agua caliente, el cabello se deteriora, se vuelve frágil, seco y quebradizo. Hacer el pequeño esfuerzo de enjuagarse con agua fría en el último aclarado favorece la microcirculación sanguínea en el cuero cabelludo, reforzando así la fibra capilar y estimulando su crecimiento. ¡Adopta buenos hábitos para asegurarte un cabello bonito durante mucho tiempo!

Aclarado con vinagre

Seguramente ya has oído hablar de utilizar vinagre (de vino o de sidra) para enjuagar el cabello ya que aporta brillo, cierra poros, mantiene la hidratación, retira la cal del agua… Esta receta de las abuelas se aconseja como tratamiento del cuero cabelludo gracias a su acción equilibradora del sebo que elimina la caspa, los picores y la caída del cabello. Pero, cuidado, porque esta práctica resulta la panacea para algunos cabellos y una catástrofe para otros. En efecto, el vinagre de sidra puede ser demasiado agresivo para algunos cabellos y favorece que se resequen. Por otra parte, el vinagre de vino parece que se tolera mejor. Tienes que ser tú quien decida cómo reacciona tu cabello al empleo del vinagre. Si no te gusta cómo te queda, no lo uses. Enjuagarse el cabello con vinagre no es ninguna obligación.

Para preparar el agua de aclarado con vinagre haz lo siguiente: en una botella vacía, vierte 1 vasito de vinagre y 8 vasitos de agua. ¡Agita, y ya está!

El aclarado con zumo de limón

Puedes optar por un aclarado con zumo de limón que cerrará poros y dejará tu cabello brillante. Exprime 1 limón y cuélalo. Mételo en una botella que acabarás de llenar con agua. Agita, y ya está listo para su empleo. Esta agua de aclarado al limón tiene un ligero efecto aclarante del color, que se acentúa si se expone el cabello al sol.

El aclarado con una decocción

¿Y qué dirías si una simple tisana actuase como un elixir para el último aclarado? En efecto, no hay nada más sencillo que preparar una decocción de plantas para obtener un agua de aclarado de propiedades específicas.

Puedes optar por la tisana de salvia, romero, tomillo, menta, ortiga o bardana. Todas son plantas fortificantes, suavizantes y con una notable acción anticaída. Si añades flor de manzanilla o raíz de ruibarbo, conseguirás aclarar el color del cabello de manera natural. La infusión de té aportará matices cálidos a la melena. Personalmente, tengo debilidad por la tisana de romero y menta. Pon a hervir 1 o 2 litros de agua (según la longitud de tus cabellos). Cuando esté hirviendo, añade 2 cucharadas soperas de las plantas que hayas escogido. Disminuye el fuego. Cuando la tisana esté bien hervida (lo sabrás por su color intenso), retira del fuego y deja enfriar. A continuación, filtra el contenido y viértelo en una botella. Tu decocción de aclarado está lista para su empleo.

El secado

El secador de cabello con el aire muy caliente (marcha 2) es tan eficaz para resecar el cabello que, si tenemos esa costumbre, nada podrá arreglárnoslo.

Pero tu cabello se encargará de hacerte saber, con rapidez, que no es capaz de sobrevivir a semejante martirio. Se pondrá seco, quebradizo, las puntas se romperán y se abrirán... Vamos a ver ahora las diferentes posibilidades que tenemos para secarnos el cabello.

El escurrido

Antes de secarse el cabello es imperativo escurrirlo. Para ello utilizaremos una toalla de algodón a modo de turbante, sin frotarnos el cabello con ella. Empieza por apretar la toalla sobre el cabello y, después, te la enrollas como si fuera un turbante durante unos minutos. Retira la toalla y desenrédate el cabello suavemente (*véase* pág. 41) antes de pasar al secado.

Secado al aire libre

¿Qué puede ser más natural que dejar secar el cabello al aire libre? Éste es un método simple que presenta muchas ventajas porque no hay nada menos agresivo. Se recomienda vivamente para los cabellos rizados, porque los rizos quedan más naturales. Sin embargo, este secado natural requiere de algunas condiciones importantes: tener tiempo, una temperatura ambiente agradable y un entorno limpio y descontaminado. En efecto, el cabello mojado es frágil y se pegan a él todo tipo de partículas de suciedad.

    Truco: para proteger el cabello reseco cuando se está secando al aire libre, en mitad del secado, se puede utilizar un tratamiento hidratante. Yo te aconsejo principalmente que uses el gel de aloe vera (como una avellanita en la palma de la mano bastará para el cabello corto, dos avellanitas para cabello largo, es una cantidad suficiente), que es natural y eficaz. Puedes aumentar la eficacia de la hidratación con una finísima capa de aceite vegetal de primera presión en frío, que te aplicarás sólo en las puntas o de media melena para abajo; si lo prefieres, utiliza un poquito de crema hidratante. Ten mucho cuidado con la dosificación de estos productos porque son grasos y te arriesgas a que te quede el cabello apelmazado o aceitoso. Esta solución no resulta conveniente para los cabellos escasos y finos porque les hace perder volumen.

La toalla de microfibra

En la actualidad se han puesto de moda las toallas de microfibra o las de fibra de bambú (más ecológicas), que tienen una capacidad de absorción superior a las toallas de algodón. Ésta es una forma simple y eficaz de secarse el cabello al 80 por 100. Para el 20 por 100 de humedad restante, te lo puedes dejar secar al aire libre. Las toallas de microfibras se encuentran en las tiendas de deporte. Las de fibra de bambú, en Internet.

Truco: puedes utilizar una camiseta de algodón para secarte el cabello. Su tejido de fibras naturales las hace absorbentes y muy suaves para el cabello.

El secador de cabello

Cuando se utiliza mal, es un instrumento de tortura digno del Santo Oficio y, normalmente, se usa mal. Para sacar el mejor partido de este accesorio revolucionario, tendremos que adoptar cinco gestos fundamentales.

1. Utiliza siempre aire tibio o frío (marcha 1 o lenta del aparato). El motor no debe ser forzado al máximo. Ésta es la única forma permitida de utilizar un secador sin estropearnos el cabello.
2. Dirige el aire desde las raíces a las puntas, si tienes el cabello liso. Si se empieza secando las puntas las resecaremos y las volveremos quebradizas y se abrirán.
3. Deja, por lo menos, 10 cm de espacio entre el secador y el cabello.
4. ¡Actúa con suavidad! Los gestos vivos y violentos hacen sufrir al cabello. Recuerda que un cabello roto es irrecuperable.
5. Escoge un buen secador. Es preferible un aparato con un difusor o con una punta que ayude a difundir el aire. ¡Si tienes el cabello rizado, es esencial que utilices un difusor en forma de embudo y bien ancho! Las mujeres con el cabello rizado se lo tienen que secar, necesariamente, desde las puntas hacia las raíces, de lo contrario se desharían los rizos o quedarían feos.

Truco: secarse el cabello con la cabeza hacia abajo ayuda a conseguir volumen, en general, y favorece un rizo bonito en los cabellos rizados.

¡No me lavo más el cabello!

Esta idea parece una perogrullada pero no es nueva y ha reaparecido con fuerza en Internet y en la prensa femenina. En la actualidad, numerosas personas desean liberarse de la esclavitud de los dictados de una sociedad consumista que ha convertido el cuidado corporal en un lucrativo negocio y, para colmo, en una enorme fuente de contaminación planetaria.

La idea, que no es nueva, puede ser loable. Sin embargo, hay que tener en cuenta que nuestro cabello se ve sometido a una suciedad que no existía en los siglos precedentes. Antes no había contaminación, por ejemplo. Actualmente el agua no basta para lavarse el cabello por la sencilla razón de que el sebo secretado, mezclado con la suciedad ambiental, no es soluble en agua. Para que tengas una idea gráfica, piensa en lo que pasa cuando mezclas agua y aceite en un vaso: ambos componentes se separan y el aceite no desaparece por mucha agua que le pongas. El agua no basta para librar el cabello de la suciedad y el mal olor. Se puede optar por soluciones eficaces que permitan eliminar el champú de nuestra vida, con tratamientos «desincrustantes» para la suciedad del cabello. Entonces, podrás afirmar que no usas jabón pero sí que «te limpias» el cabello. Este método se llama en inglés «no-poo» (se pronuncia «no-pu») y significa «sin champú». Vamos a ver varios ejemplos de métodos sin jabones, caseros y de un solo uso, porque no se conservan.

El *no-poo* con el acondicionador

Este método consiste en lavarse el cabello con el acondicionador, no con champú. Es un método muy apreciado por los cabellos afro, encrespados o bastante rizados, pero no resulta conveniente para el resto de cabellos. Comparativamente, el acondicionador tiene sólo unos pocos agentes limpiadores, respecto a un champú, pero son suficientes para cumplir la función del lavado y aportan el efecto hidratante esencial que buscamos. Hay que tener en cuenta que para usar un acondicionador como champú y conseguir eficacia, hay que escoger uno con textura cremosa y aclararlo abundantemente. Hay muchas mujeres que han adoptado este método para espaciar el lavado con champú o para eliminarlo definitivamente.

El *no-poo* con bicarbonato sódico

El bicarbonato es un polvo blanco que se compra en todas partes: desde el colmado de la esquina a la farmacia, pasando por droguerías y supermercados de todo tipo. Se puede usar para lavar, para ingerir, para curar... Para poder sustituir al champú, bastará con diluir una cucharadita en un bol de agua y aplicarlo en el cuero cabelludo con un suave masaje circular. El bicarbonato sódico es conocido por su acción desodorante, suavizante, desincrustante, anticalcárea y antifúngica. Todas estas cualidades hacen del bicarbonato un perfecto champú «sin champú» muy interesante. Pero, cuidado, muchos dermatólogos advierten que un uso excesivo puede fragilizar el cabello. Por lo tanto, se aconseja usarlo de manera ocasional, por ejemplo, en curas cada 21 días como mucho. A largo plazo, te sentirás plenamente satisfecha de su empleo. Utiliza un bicarbonato en polvo, no en grano.

El *no-poo* con arcilla

La arcilla es conveniente para todo tipo de cabello, pero su empleo se recomienda en los cabellos grasos. No sólo tiene un efecto regulador del sebo sino que también absorbe el exceso de grasa, la suciedad y las toxinas. Opta por una arcilla verde muy fina. Una arcilla verde de calidad no debe contener ni conservantes ni aditivos de ningún tipo. Se puede comprar en las tiendas bio, en farmacias o en webs de venta de este tipo de productos. Para usarla, basta con disolver el polvo en agua hasta obtener una pasta homogénea, ni demasiado líquida ni demasiado espesa. Aplícala sobre los cabellos mojados y déjala actuar unos minutos antes de aclararla con abundante agua tibia. Cuidado, porque la arcilla levanta algunas coloraciones, como la henna. El célebre rhassoul, procedente de Oriente Medio, es otro tipo de arcilla. Tiene los mismos efectos que la arcilla verde. Se usa de igual modo: mezclando con agua, preferiblemente tibia, hasta obtener una pasta homogénea, ni muy espesa ni muy clara, aplicándola sobre el cabello previamente húmedo. Efectúa un suave masaje con la yema de los dedos. Deja actuar entre 10 y 15 minutos y luego enjuaga abundantemente. ¡Tendrás un cabello sedoso, brillante y voluminoso! Truco: para un resultado más satisfactorio, puedes añadir a tu rhassoul un poco de agua de azahar.

El *no-poo* con plantas en polvo

El *shikakaï* y el *sidr* son plantas reducidas a polvo que pueden reemplazar perfectamente al champú. El *shikakaï* es un polvo detergente que tiene como cualidad reforzar las raíces, dejar el cabello brillante y favorecer el crecimiento. Su pH suave lo convierte en un *no-poo* muy interesante. El sidr es de la misma familia y ejerce el mismo poder limpiador. Las mujeres indias, reconocidas en todo el mundo por la fortaleza y vitalidad de sus cabellos, son unas auténticas fanáticas de estos polvos, su limpiador de referencia. Basta con diluir una dosis de polvo de plantas en un bol con agua y el *no-poo* estará listo para ser utilizado.

El *no-poo* de madera de Panamá

La madera de Panamá, que está hecha de la corteza de la quillaja de Brasil, contiene saponina. Ésta disuelve la grasa, convirtiéndola en un perfecto agente limpiador. Su decocción es muy sencilla: echa un puñado de copos de madera en 1 litro de agua fría, caliéntala hasta la ebullición y deja hervir un cuarto de hora. Retira del fuego, deja enfriar y filtra. Sólo te falta verter la poción sobre tu cabello, masajearlo suavemente y terminar con un aclarado con agua fría. ¿Dónde comprar madera de Panamá? Lo encontrarás a muy buen precio y fácilmente en la web Aroma-zone.com.

El *no-poo* de nuez de lavado

La nuez de lavado es conocida por su poder limpiador. Se suelen utilizar para reemplazar los detergentes en la lavadora. Su eficacia está más que demostrada. Pero ¿sabías que su uso no se reduce a la ropa? Son un perfecto *no-poo*. Como la madera de Panamá, contienen saponina. Para lavarse el cabello con nuez de lavado, basta con preparar una decocción. Vierte de ½ litro a 1 litro de agua (mineral) en una cacerola y añade 10 medias nueces de lavado. Hiérvelas durante 5 minutos, retira del fuego y deja enfriar. Puedes dejar las nueces toda la noche antes de filtrar el agua, a la mañana siguiente. Vierte el agua en una botella y utilízala en lugar del champú. Esta decocción se conserva en la nevera. Para que dure fácilmente unos 10 días, añade 4 o 5 gotas de aceite esencial de lavanda. ¿Dónde comprar las nueces de lavado? En las tiendas bio o por Internet.

El *no-poo* de emergencia: lavado en seco

El no-poo de emergencia es una forma de desengrasarse el cabello y devolverle el volumen sin mojarse la cabeza. Es sólo una solución de emergencia cuando hay que salir arreglada y no hay tiempo para lavarse el cabello, o cuando ocurre algún incidente a causa del cual no podemos lavarnos la cabeza y queremos estar presentables. Esta solución debe ser entendida como una emergencia ocasional y no hacer de ella una costumbre porque, a la larga, asfixia el cabello. Usar un champú en seco es algo muy fácil. Basta con repartir el polvo por las raíces, dejar actuar de 5 a 10 minutos y retirar. Se puede aplicar con una brocha o cepillo natural, mecha a mecha, insistiendo en las raíces, para cepillar después y retirar el polvo. También puedes aplicar el polvo con una brocha gruesa como las de maquillaje (se pone el polvo en un bol, se mete la brocha, se sacude el excedente y se aplica raya a raya, como si fuera un tinte) y acabar con un cepillado suave pero profundo. Si lo prefieres, puedes aplicar el polvo directamente sobre la cabeza pero te arriesgas a poner demasiada cantidad y, después, te resultará difícil de eliminar. En cualquier caso, la eliminación se efectúa cepillando el cabello (con la cabeza hacia abajo te aseguras que tu cabello adquiera un mayor volumen).

Nota: los cabellos rizados no aprecian nada esta práctica porque no aceptan el cepillado; el cabello rizado no debe cepillarse.

Existen champús en seco en forma de espray que se venden en parafarmacias, en tiendas bio o en webs. Son muy prácticos y eficaces, pero requieren de práctica para saberlos aplicar y retirar perfectamente. Existen muchos polvos naturales; escógelos según el color de tu cabello.

• **Para el cabello rubio, pelirrojo, gris o blanco:** fécula de patata, fécula de maíz, harina de arroz, talco, arcilla blanca (muy fina y ventilada), bicarbonato de sodio (el polvo fino).

• **Para el cabello negro, castaño u oscuro:** fécula de patata, fécula de maíz, harina de arroz, bicarbonato sódico (en polvo fino), polvo de peonía, sidr, polvo de ortiga, shikakaï... Añade siempre una pequeña dosis de cacao en polvo para no acabar con el cabello emblanquecido. Yo no he probado el polvo de kapoor kachli pero una guapa morenaza que se llama Juliana, de la web «Fitness bienêtre» habla muy bien de él; según ella, ¡es la panacea del lavado en seco!

Como has podido ver, escoger no es fácil. Intenta memorizar las cantidades correctas para no acabar con el cabello reseco, acartonado o blancuzco.

Aquí te presento un par de recetas de champú en seco que podrás conservar durante varias semanas en un recipiente hermético y que resultan realmente económicas. No olvides nunca tamizar el polvo resultante antes de guardarlo en su recipiente hermético.

Champú seco para las rubias

1 cucharada sopera de bicarbonato sódico en polvo fino + 4 cucharadas soperas de fécula de maíz.

Champú en seco para las morenas

1 cucharada sopera de bicarbonato sódico en polvo fino + 4 cucharadas soperas de fécula de maíz + 2 cucharadas soperas de cacao en polvo.

El cepillado

Cepillarse el cabello es un gesto secular que nos permite mantener sana y aireada la fibra capilar.

Los famosos «100 cepillados» de los que hablaban nuestras abuelas no son más que una anécdota. Pero, además de una auténtica medida higiénica, el cepillado es un tratamiento específico para el cabello: con él los puedes volver vigorosos, suaves…, hacer que estén mejor hidratados, protegidos y oxigenados. Sin embargo, para sacar el mejor partido, tiene que hacerse bien, con buenas herramientas para que cepillarse el cabello no acabe siendo un tormento.

¿Cuáles son los beneficios de un buen cepillado?

• Reparte el sebo secretado por el cuero cabelludo por toda la longitud del cabello. Así, el cabello se nutre en todo su conjunto.
• Elimina las impurezas y las partículas de contaminación acumuladas durante todo el día.
• Estimula el cuero cabelludo activando la circulación sanguínea, permitiendo así una mejor oxigenación y nutrición de los bulbos.
• Aporta volumen y flexibilidad al cabello.

Cepillo o peine, ¿qué escoger?

Pues no hay por qué escoger. Lo mejor es tener ambos porque cada una cumple su función.

Escoger bien el cepillo

Basta con escoger uno hecho con materiales naturales: madera con seda, cerdas de jabalí…Efectivamente, un cepillo de materiales nobles sale más caro que uno de plástico, pero la inversión vale la pena a largo plazo y se amortiza en poco tiempo, comprobarás los resultados en el cabello. Por tanto, no dudes en rascarte el bolsillo a la hora de comprar un cepillo. En lo concerniente al tamaño, color y forma, no tienen la menor importancia, salvo para tu gusto personal. ¡No tiramos el dinero si invertimos en algo que nos aportará tantos momentos agradables!

Recomendación: si tienes el cabello rizado, cepíllate sólo antes de lavarte el cabello y opta por un cepillo de púas separadas.

Escoger bien el peine

En este apartado también conviene concentrarse en los materiales naturales (hueso, madera...). Sin embargo, un peine de plástico con púas largas es ideal para desenredar el cabello en la ducha o para aplicarse tratamientos específicos. En efecto, el plástico no es sensible al agua caliente ni a ningún producto habitual, así que puede durar muchísimo tiempo sin dedicarle ningún tipo de mantenimiento. Nunca debe utilizarse un peine para retirar piojos y liendres porque sus púas metálicas, apretadísimas, rompen el cabello. Escoge siempre un peine con las púas separadas y, si tienes el cabello rizado, uno especial con púas muy largas y muy separadas. El mayor lujo que puedes ofrecer a tu cabello es un peine hecho a mano, mucho más caro, obviamente, pero de calidad superior en todos los aspectos.

¿Dónde comprar un buen peine y un buen cepillo?
En las tiendas bio, en la peluquería, en la farmacia o en tiendas online.

Cómo cepillarse bien el cabello

El cepillado regular está particularmente indicado para los cabellos resecos, pero también para los grasos, siempre que no sobreestimulemos las glándulas sebáceas con gestos intensos en el cuero cabelludo. En el caso de los cabellos grasos, el cepillado debe ser especialmente suave. Los cabellos rizados y los ensortijados no deben cepillarse porque se deshacen los rizos y queda el cabello encrespadísimo. Cada cual debe elegir lo que debe hacer según la naturaleza de su cabello.

El desenredado
Hay que empezar por desenredar el cabello. Procura no hacerlo con el cabello mojado porque lo romperás. Desenrédalo cuando esté seco, con un cepillo o peine, empezando por las puntas y subiendo hasta llegar a las raíces. De este modo, el desenredado será más respetuoso con el cabello. Si encuentras nudos, no los fuerces porque arrancarán el nudo y el cabello que lo forma. No ganarás nada más que puntas abiertas, pelos rotos y dolor. Si tu cabello no tiende a hacerse nudos, puedes desenredarlo con los dedos abiertos, con gestos suaves y lentos.

El cepillado
Puedes mantener la cabeza erguida o ligeramente inclinada hacia delante, aunque lo mejor es inclinar el tronco para poner la cabeza hacia abajo, con lo que mejorarás la circulación de la sangre y la oxigenación de los bulbos. Como ya te habrás desenredado el cabello previamente, el cepillado lo podrás realizar de la raíz a las puntas mediante vaivenes regulares durante unos

minutos; si quieres, puedes contar los famosos «100 cepillados». No hagas gestos bruscos porque te harás daño y te romperás el cabello.

Cómo mantener el cepillo y el peine en buen estado

No pensamos demasiado en ello, pero la higiene es fundamental en peines y cepillos. Usar una herramienta sucia, llena de polvo, de caspa o de grasa, es como llenarse la cabeza de bacterias y porquería... Es importante lavar a menudo cepillos y peines con agua caliente y jabón.

El cepillo
Retira los pelos que queden en él después de cepillarte. Sumerge el cepillo, una vez por semana, en agua jabonosa y caliente, enjuagándola después abundantemente. Deja que se seque con las púas hacia arriba.

Consejo: No prestes tu cepillo a nadie. El cepillo para el cabello es algo personal e intransferible como el cepillo de dientes.

El peine
Límpialo en seco con una torunda húmeda, para retirar el sebo y el polvo. Si necesita una limpieza más profunda, déjalo en remojo en agua tibia y jabonosa durante 5 o 10 minutos. Luego puedes pasarle un cepillo de dientes o de uñas entre las púas, que hallas especialmente reservado para este uso. Enjuaga con agua fría y seca con una toalla. Los peines fabricados con materias nobles (hueso, madera...) deben sumergirse dos veces al año en aceite vegetal y dejarlos así 12 horas. El excedente de aceite se puede retirar con papel de cocina absorbente. Esta técnica permite conservarlos en perfecto estado durante años.

Los accesorios

Clips, horquillas, pinzas, gomas, pinchos, coleteros... A veces, con el fin de hacernos peinados especiales o simplemente sujetarnos el cabello, podemos acabar estropeándolo.

Lo cierto es que, cuanto menos sujetemos el cabello, de la manera que sea, mejor. Un cabello diariamente estirado hacia atrás recogido en coleta, apretujado en una goma elástica o, en el peor de los casos, con artilugios metálicos, perderá su salud en poco tiempo. Este acto provoca en el cabello asfixia, rotura, caída, puntas abiertas, cuero cabelludo engrasado con rapidez... Hay muchas razones por las que deberemos utilizar estos accesorios con cuidado y ocasionalmente. Los peinados elaborados sólo deben hacerse en situaciones especiales, de lo contrario, es preferible un corte bonito y favorecedor. Si, de todos modos, no soportas llevar el cabello suelto durante todo el día o tu trabajo no te lo permite, escoge accesorios «suaves» para tu cabello, con el fin de reducir los daños al mínimo.

Accesorios que son herramientas de tortura para el cabello

«Las gomas de pollo»
Sin lugar a dudas son lo peor de lo peor. Como su nombre indica, no son para el cabello... ¡No dejes que se te acerquen! ¡Huye de ellas! Son rompedores de cabello, un auténtico tormento para tu melena.

Las gomas de cabello, forradas
Son elásticos rígidos de venta en todas las perfumerías y droguerías, así como en los supermercados y las tiendas de chinos; a menudo se presentan en diferentes colores. Evidentemente, si no tienes otra cosa a mano, son preferibles a la goma de pollo que corre por la oficina o la cocina. Pero no olvides que estos elásticos, aunque estén forrados, son igualmente agresivos. Si se usan a menudo, rompen el cabello, dejan marcas horribles, asfixian la fibra capilar y, al final, notarás que el cabello crece más lentamente.

Los pinchos y las pinzas de metal
El metal es un material que debe descartarse para usar en el cabello. Estos accesorios son como cizallas, rompen el cabello y deterioran la fibra capilar. Son realmente agresivos y jamás deben utilizarse cotidianamente.

Accesorios recomendados

Bandas de tela
Son bandas con un elástico en la base, muy suaves, que te permitirán peinarte de forma diferente y original (puedes cambiar colores y motivos) sin arruinarte el cabello.

Diademas
Si son de una talla conveniente (en caso de que sean pequeñas molestan mucho) resultan cómodas, te permiten mantener el cabello retirado de la cara y no dañan el cabello. Las hay de plástico o de tela ligeramente elástica, en colores y formas diferentes.

Pinchos de madera o hueso
Cuando son de materia noble, como la madera o el hueso, estos accesorios son bonitos, originales y prácticos. Resultan ser una buena opción para recogerse el cabello sin dañarlo.

Coleteros
Llevan una tela rizada por encima, de modo que la goma que hay en su interior no toca ni aprieta el cabello. Este accesorio tiene un cierto aire de los sesenta. Es una forma simple de recogerse el cabello sin dañarlo ni apretarlo, evitando el frotamiento de la goma. Si no se usa diariamente, el coletero con sus colorines y sus motivos es un buen accesorio.

Las pinzas y las peinetas no metálicas
Suelen ser de plástico liso y pueden representar una buena opción para hacerse recogidos suaves sin destrozarse el cabello.

Las diademas de espuma
Menos agresivas para el cabello que las gomas, son una opción aceptable para hacerse una cola de caballo, aunque no deben hacerse coletas muy a menudo. Estas diademas se encuentran en todas partes: supermercados, tiendas de chinos, perfumerías, droguerías...

¡Atención!
Sea cual sea el peinado que quieras hacerte, piensa siempre en dejar una cierta holgura en el cabello. Tanto si te haces un moño como una coleta o unas trenzas, no aprietes con fuerza (por mucho que te guste el look) porque la tensión ejercida en el cabello durante horas deteriora la fibra capilar.

Cortarse el cabello

Tanto si es para mantener la longitud deseada como si es para cambiar de look, casi siempre se acaba en el peluquero para que nos meta las tijeras.

La elección del corte

Estilo *pin-up,* con ondas vaporosas sabiamente repartidas... Un corte de cabello no debe ser nunca dictado por la moda. El corte debe variar en función de nuestros rasgos y edad, porque lo que queda bien a una edad queda fatal en otra y lo que le queda bien a un rostro, puede ser desastroso en otro. ¿Cómo quieres que se vea tu cabello? Un buen corte debe estar en harmonía con la forma de la cara y ser adecuado al carácter de la persona, la manera de ser y el estado de ánimo que se tenga esa temporada en concreto. Ésa es la única forma de sentirse bien con un corte y no acabar con una seria preocupación porque nos vemos feas o nos sentimos incómodas. Lógicamente, para lucir un buen corte primero hay que encontrar un buen peluquero.

Te quiero, peluquero..., pues yo no

¡Cuántas veces algunas mujeres salen de la peluquería echando fuego o llorando porque les han hecho un peinado que no les gustaba nada, jurando que jamás volverán a pisar una peluquería! ¿Dónde está el problema? ¿Acaso es todo culpa del peluquero? Lo cierto es que la culpa suele ser de ambos, del peluquero y de la clienta. Entre una mujer y su peluquero debe haber diálogo y *feeling*. Explicarle al peluquero lo que queremos requiere tener seguridad en una misma, saber exactamente lo que queremos, mostrarse clara y decidida. Vamos a ver ahora algunos trucos para llevarse bien con el peluquero:

- No descartes la opinión de tus amigas, compañeras y familiares. Obtener buenas críticas cuando se sale de la pelu es una ayuda valiosa. Consulta también por Internet, donde encontrarás muchos consejos interesantes sobre modas y sobre lo que le conviene a tu rostro.
- Una marca famosa, un nombre reputado, no garantizan la calidad y la satisfacción. Es muy posible que tu mejor estilista trabaje en la peluquería que hay en tu misma calle, una desconocida sin fama alguna pero que conecta contigo, te entiende y sabe plasmar lo que quieres aconsejándote con sensatez.
- Salvo que tengas un carácter aventurero y te guste el riesgo, preséntate en la pelu con una foto del peinado que quieres llevar, el corte que te gusta o una foto de otro momento de tu vida en el que llevabas ese estilo.

- No te dejes seducir por el habitual discurso de: «te voy a hacer un degradado, vaciándote por aquí, luego te deshilaré por allá y te haré no sé qué y no sé cuántos…», salvo que confíes ciegamente en tu peluquero. En muchas ocasiones te encontrarás con un peinado absurdo que te sienta fatal. Siempre son preferibles los cortes sencillos con tijeras normales. Recuerda que para un peluquero es inevitable concebir tu cabeza como un objeto artístico para crear, para expandirse, para lucirse… ¡un juego peligroso, sin duda alguna! Mantente firme en tus demandas y, si percibes que no te hacen caso, coge tus bártulos y lárgate antes de que te metan la tijera.
- Tú eres el cliente: debes ser escuchada y no a la inversa.
- No vayas a la peluquería con la regla. Cuando menstruamos no estamos en el mejor estado anímico, nos sentimos frágiles, estresadas, cansadas e irritables… Nos arriesgamos mucho a que no nos guste nada el corte y salir echando humo.
- No dudes en pedir que te enseñen una foto del corte que te quieren hacer, si te dejas aconsejar por el peluquero, para estar segura de que te gustará el resultado.
- Escucha tu voz interior. Si no sientes *feeling* con la persona que te va a peinar, vete o pide un cambio de peluquero o pide al jefe de la peluquería que esté cerca de ti si eso te tranquiliza. Si te gusta el cabello largo o si lo tienes rizado, mejor será que escojas un peluquero o peluquera que también tenga el cabello largo o rizado. Ellos entenderán mejor cómo deben tratarte.
- Observa cómo llevan el cabello los trabajadores de la peluquería porque te informará sobre el estilo de la casa.
- Ajusta tu presupuesto y vigila los tratamientos que te aplican. Para hacerte tratamientos especiales deben preguntarte primero, a no ser que quieras encontrarte con la amarga sorpresa de un precio desorbitante.
- Mantén la calma, sonríe y sé amable. El peluquero no debe trabajar bajo tensión ni asustado por la reacción de la clienta. Le será más fácil satisfacerte si está relajado y contento.

El corte de mantenimiento o hacerse las puntas

Cuando se quiere mantener un peinado, de vez en cuando hay que ir a cortarse las puntas 1 o 2 cm. En ese caso hay que estar atenta y vigilar que el par de centímetros no se conviertan en 5 o 7. Enseña claramente por dónde quieres que te llegue el cabello una vez cortado («¡por aquí!»). Si tu intención no es mantener el corte sino dejar el cabello crecer y sólo vas a arreglarte un poco, remárcaselo bien al peluquero. Por lo general, los peluqueros consideran que cortar 1 o 2 cm no tiene sentido, que el cabello no se sanea y «bla, bla, bla…», se sienten tentados a cortar más para sentir que han hecho algo útil. Lamentablemente, unos pocos centímetros de más pueden acabar con las clientas poco pacientes. Asegúrate de que tu peluquero comprende bien tus demandas y repítelas las veces que sean necesarias.

Las puntas abiertas

Las puntas abiertas «no se reparan». Es totalmente falso: no hay forma de arreglar lo que ya está roto. Hay que cortarlas para dejar crecer el cabello sano. Cortarlas no permite un crecimiento más rápido (otra mentira), pero evita que la horquilla que se forma en cada cabello vaya subiendo y, al final, haya que hacerse un corte de cabello muy corto. Para mantener una longitud más o menos larga, hay que cuidarse la melena con tratamientos específicos y cortar las puntas 1 cm de vez en cuando. Así mantendrás el cabello sano pero, al mismo tiempo, comprobarás que va creciendo.

Luna llena, ¿es eso verdad?

La idea es cortarse el cabello siguiendo la evolución de la luna. En efecto, los jardineros apasionados adaptan sus plantaciones al calendario lunar. El sueño es también sensible a las fases lunares. ¿Y si el cabello –que me gusta comparar con las plantas– también estuviera bajo la influencia de este místico astro nocturno? Los incrédulos dicen que eso es un mito, una superstición sin la menor prueba científica. Pero hay quienes lo han probado y han constatado diferencias notables.

Sea como sea, si queremos tener en cuenta este fenómeno, esto es lo que debes saber al respecto: conviene cortarse el cabello en luna llena o en cuarto creciente y únicamente en estas dos fases. Con ello se estimula el crecimiento, que llega a ser 2 o 3 veces más rápido que en las otras fases, y el cabello se vuelve más voluminoso y más suave. Pero hay una dificultad: se debe hacer de noche y en el exterior, al aire libre. Para conocer las fases lunares basta con consultar un calendario lunar. Estos calendarios especifican las cuatro fases lunares (luna nueva, cuarto creciente, luna llena y cuarto menguante). Y si no, siempre puedes pedirle hora al peluquero Djelani Maachi, que recibe a sus clientas de noche y les corta el cabello bajo los rayos de la luna...

Teñirse el cabello

Cambiarse el color del cabello o hacerse unas mechas o unos reflejos en otro color aporta grandes satisfacciones, da confianza y afirma la identidad. En la actualidad, esta transformación es tan rápida y sencilla que parece un acto mágico.

El deseo de cambiarse el color del cabello ha estado presente desde siempre. Sin embargo, hace siglos no existían las coloraciones químicas de las que disponemos ahora. ¿Y si los tintes no fueran tan inofensivos como los fabricantes nos hacen creer? Fijémonos en la cantidad de peluqueros y usuarios víctimas de alergias y otras reacciones peligrosas para la salud. De entrada, hay que tener claro que una coloración química y permanente no es un tratamiento sano para la fibra capilar. Componentes como el amoníaco contrarían la naturaleza misma del cabello, pues abren grietas para penetrar en la fibra y lograr que se opere la transformación. Pero también en la cuestión de los tintes, los matices son muchos, cada vez hay más opciones fáciles y económicas que podemos encontrar en el supermercado. Desgraciadamente, esta forma de intrusión en la naturaleza del cabello lo estropea y lo reseca. Cada tinte propicia la destrucción irreversible de la fibra capilar. Además, desequilibra el cuero cabelludo pues causa irritaciones, caspa, grasa, caída de cabello, etcétera. El uso del tinte se desaconseja en las mujeres embarazadas o los lactantes (como cualquier otro producto que esté en contacto con la piel, cuyas sustancias pasan a la sangre). También resulta nocivo para quienes sufren caída del cabello, para las personas con piel reactiva y las que tienen el cabello ya muy castigado y reseco... Pero ¿existe algún modo de teñirse suavemente?

Tintes sin amoníaco

A veces, aun sabiendo que una cosa es perjudicial, cambiar de hábitos es todo un desafío. En esta nueva aproximación al cuidado del cabello, no estamos obligados a dar un giro de 180° forzosamente. Algunas mujeres querrán continuar con sus tintes químicos, aunque no sea lo más recomendable. Pero siempre podrán optar por tientes sin amoníaco, que son menos corrosivos. Hay muchas cremas colorantes sin amoníaco, que suelen llamarse «gloss», suaves y poco invasivas. Son una buena manera de ir utilizando soluciones ecológicas duraderas.

Los tintes vegetales

Son una solución eficaz que respetará tu cabello al tiempo que disfrutas de un cambio de look inocuo. La coloración vegetal está formada por elementos vegetales 100 por 100 naturales. Al contrario que la coloración química, no penetra en la fibra capilar sino que la envuelve, colocando los pigmentos en la superficie. De ese modo crea variaciones de color, reflejos y matices, formando una película protectora que aporta densidad y brillo al cabello. Esta capa colorante deja pasar los otros tratamientos contribuyendo al mantenimiento natural de una cabellera saludable.

La coloración vegetal se compone de un polvo de plantas y agua caliente. Estos únicos ingredientes se mezclan hasta obtener una pasta homogénea. Se le pueden añadir otros ingredientes naturales (aceite vegetal, yogur, aceites esenciales...) con acción específica para mejorar el resultado. Aunque las posibilidades de mezclas ofrecen una gama de colores satisfactoria, nunca es tan grande como la gama de colores de los tintes químicos. No están todas las tonalidades de rubio, por ejemplo. Además, la mezcla de tintes químicos permite matices que no se pueden obtener mezclando coloraciones naturales.

La henna

Utilizada en Egipto desde hace miles de años, la henna «natural» se compone exclusivamente de las hojas machacadas de un arbusto llamado Lawsonia inermis. Se presenta en diferentes colores y podemos encontrar henna negra, roja, rubia y castaña. En ese caso, se compone de una mezcla de polvos de plantas colorantes de gran eficacia.

A menudo menospreciada, la henna tiene incluso mala reputación porque la gente cree que acaba poniendo el cabello verdoso o de un naranja vivo, además de provocar la caída y resecar el cabello... Lo cierto es que el uso de la henna ha sobrevivido miles de años por su aplicación simple y su precio económico, además de sus virtudes. Como toda coloración natural, la henna se fija en la queratina del cabello respetando la fibra capilar. Es un auténtico tratamiento capilar, no sólo permite cambiar el color del cabello con suavidad, sino que refuerza las raíces y las puntas, aportando volumen y resistencia frente a las agresiones externas. La henna va desapareciendo o cambiando de color con el tiempo y el champú, pero no puede considerarse «permanente». Está particularmente indicada para cabello oscuro (negro, castaño oscuro) y las rubias deberían evitarla porque el resultado no es bonito en cabellos claros. En el cabello rubio adquiere un tono naranja y muy artificial.

La henna natural

La henna natural (*Lawsonia inermis*) aporta un cálido color caoba. Tiene orígenes diversos con matices distintos: henna egipcia, del Yemen, de Rajasthan... Evita la henna china.

La henna neutra

Puede confundirse fácilmente con la henna natural. Sin embargo, presenta una gran diferencia: la henna neutra (*Cassia obovata*) no es colorante. Sus principales cualidades son aportar suavidad y brillo, ganar volumen y vitalidad.

La henna rubia

No sueñes: la henna rubia no tiñe de rubio. Aporta luminosidad y ligeros efectos dorados al cabello, nada más. Puedes acentuar el efecto añadiendo aclarantes naturales tales como la manzanilla, el zumo de limón, la miel, el vinagre, el jengibre, la cúrcuma, el polvo de raíz de rhapontic...

La henna morena

Normalmente compuesta de nuez, hojas de nogal, polvo de canela o romero, la henna morena se declina en diversos tintes más o menos oscuros. Permite reavivar los cabellos mates aportando un bonito tono moreno, chocolate, con reflejos y brillos.

La henna negra

Principalmente compuesta de índigo, ofrece una coloración negra con reflejos azulados. Si te gusta la cultura japonesa, verás que los personajes de los dibujos manga tienen un color de cabello característico. Atención: ¡no aplicar nunca en cabellos blancos!

Precauciones para escoger bien la henna

Verifica los ingredientes: deben ser 100 por 100 naturales y únicamente estar compuestos de polvos vegetales. De lo contrario, te arriesgas a comprar una henna abrasiva que contenga sales metálicas y p-fenilenediamina (PPD), que resultan muy nocivos para el cabello.

Cómo aplicar la henna

Teñirse el cabello con henna es un hábito que debe aprenderse. Las primeras veces parece complicado y acabamos por ponernos perdidas de henna. Felizmente, conforme vamos cogiendo soltura adquirimos una verdadera destreza. Para estar segura del color, haz una prueba tiñendo pelos que obtengas de tu cepillo.

1. Vístete con ropa vieja y utiliza una toalla que no te importe manchar para siempre.
2. Prepara la pasta: en un bol, coloca la henna (100 g para cabello corto, 150 g para cabello medio largo, 250 g para cabello largo) y añade 300 ml de agua caliente. Mezcla todo con una espátula de madera hasta obtener una pasta lisa y suave.
3. Para no teñirte la piel, aplica crema o aceite vegetal (oliva, coco…) cerca del nacimiento del cabello: frente, cuello, nuca, patillas.
4. Aplica la mezcla con el cabello seco o húmedo, utilizando un pincel de teñir o con guantes de plástico (los mejores son los de látex), separando las mechas de cabello con un peine fino. Empieza por las raíces y llega hasta las puntas, aplicando la henna mecha a mecha.
5. Masajea el cuero cabelludo para cubrirlo todo de henna.
6. Recoge el cabello en un moño en la coronilla, chafándolo como para hacerte un casco. ¡La henna no debe chorrear!
7. Cubre la cabeza con film transparente, de cocina, o con un gorro de ducha viejo.
8. Deja actuar entre 2 y 10 horas, según la intensidad del color deseado.
9. Aclara con abundante agua tibia-caliente hasta que salga completamente limpia. No uses champú porque el color podría no fijarse. Desenreda el cabello con un peine de púas separadas y, si quieres, acaba lavándote el cabello con un huevo o poniéndote acondicionador. Termina con un agua de enjuagado específica.

Cuidado: Deja pasar, por lo menos, 2 días antes de lavar el cabello con champú para que el color quede bien fijado a tu cabello.

Truco: Para que la aplicación de henna sea más completa como tratamiento, puedes añadir a la mezcla 1 cucharada de aceite vegetal de primera presión en frío, 1 yogur natural, un poco de miel líquida (una cucharadita para cabello corto o una cucharada sopera para cabello largo) y 2-4 gotas de aceites esenciales… Además, se puede añadir un poco de vinagre o de zumo de limón (que son ácidos) para activar el efecto de la pigmentación.

Para retirar la henna: Lo mejor para retirar la henna es utilizar una mascarilla de arcilla verde o blanca, miel líquida, leche de coco… Si te has manchado la piel durante la aplicación de la henna, retírala inmediatamente con zumo de limón.

Los polvos colorantes

Para acentuar el efecto caoba

Polvo de garance, de hibisco, de acacia, de rooibos…

Para acentuar el efecto dorado

Polvo de rhapontic, de cúrcuma, de jengibre, de canela…

Para acentuar el color castaño

Polvo de katam, de nuez, de hojas de nogal, de té…

¿Y qué hay de las coloraciones vegetales en bote?

Son mezclas de polvos de plantas y de henna que ofrecen una receta lista para ser usada y que siempre quedará igual en las sucesivas aplicaciones. Claro, que también podemos ser creativas y mezclar diversos botes para obtener un color distinto y personalizado. Estos botes contienen un saquito de polvo, guantes e instrucciones. El procedimiento de aplicación es similar al de la henna.

¿La coloración vegetal cubre las canas?

Sí, los tintes vegetales cubren las canas pero el color resultante no será el mismo en todas las personas. Es conveniente hacer una prueba en una mecha, sobre todo cuando las canas son abundantes, teniendo en cuenta que, como el cabello es blanco, la coloración resultante será más clara que si tuviéramos el cabello de otro color. La gran mayoría de mujeres canosas que se aplican tintes vegetales tiene el cabello pelirrojo, cobrizo o rojo del todo. Resulta imposible conseguir tonos ceniza. Para que una coloración vegetal se fije mejor en las canas, conviene hacer dos aplicaciones muy próximas entre sí.

Lo cierto es que, en el caso del cabello canoso, lo mejor sería aprender a amar las canas. ¡El cabello gris o blanco, bien cuidado y brillante es muy bonito! Un cabello canoso bien cuidado aporta carácter y elegancia.

El cabello por la noche

Cuidarse el cabello por la noche es posible y accesible para todas.

Me arriesgo a haceros reír si os recuerdo que hubo un tiempo en que nadie se iba a dormir sin encasquetarse un gorrito nocturno. Esta costumbre tenía una acción verdaderamente protectora para el cabello. Por desgracia, se ha perdido y ya nadie se pone gorros para dormir.

El peinado protector

Para los cabellos semilargos o largos, un peinado protector es muy beneficioso. Antes de acostarte, hacerte un moñito suelto en la coronilla o una trenza suelta te facilitarán el sueño, si no tienes el cabello rizado.

El kardoune

El kardoune procede del Magreb. Es una larga cinta de seda tejida a mano que tiene por función proteger el cabello durante la noche. Está pensado para el cabello semilargo y largo. Protege la fibra capilar permitiendo al cabello permanecer hidratado. Para usarlo, basta con hacerse una coleta baja y suelta, enrollando el cabello en el kardoune y acabando con un nudo. Es el mejor método para alisar el cabello de una forma natural. Si queremos conseguir el efecto alisado, sólo tenemos que enrollarnos el kardoune con el cabello humedecido. Por la mañana, desenrollamos el kardoune y ¡magia! Tu cabello estará liso sin que se haya visto sometido a las agresiones de un secador de mano ni de una plancha. Un kardoune cuesta de 5 a 8 euros por Internet. ¡Los hay de todos colores y son muy bonitos! En YouTube encontrarás vídeos con ideas para colocártelo.

Truco: Usa media vieja (no leotardos de lana) como si fuera un kardoune.

La almohada de satén o de seda

¿Has pensado que la funda de tu almohada puede desgastar el cabello? En efecto, estas fundas suelen ser de algodón, una fibra que absorbe la humedad y el sebo presentes de forma natural en el cabello. Si a eso añadimos el frotamiento continuo que lo enreda fácilmente, obtendrás la garantía de que tu melena se seque rápido. Para remediar esto, basta con comprar una funda de un tejido deslizante, como el satén o la seda, que se pueden encontrar en todas las grandes superficies y todas las tiendas de ropa para el hogar, incluso por Internet si no quieres desplazarte. No te preocupes, hay para todos los bolsillos. Personalmente, me encanta el satén y su precio es asequible.

Truco: Puedes usar un fular de seda envuelto como un turbante protector.

El cabello durante las vacaciones

Las vacaciones son el momento en que desconectamos de la rutina. ¡No se trata de hacer demasiado ni dejar de hacerlo todo!

El agua del mar, el viento, la sal, el sol... no son necesariamente enemigos declarados del cabello. Por el contrario, se puede sacar partido de ellos gracias a tratamientos adaptados y de uso razonable.

El sol

¡Qué agradable es dejarse acariciar la piel y el cabello por los cálidos rayos del sol! Pero, en exceso, el sol reseca el cabello, envejece la piel y la quema. Entonces, ¿qué podemos hacer?
- No te expongas a pleno sol entre las 14 y las 16 horas, porque el sol está muy alto y resulta peligroso.
- Ponte un sombrero de paja de ala ancha, que deje pasar el aire, o de fibras naturales como el bambú, el algodón o el lino... Las fibras sintéticas asfixian el cabello y provocan sudoración excesiva.
- Utiliza una sombrilla cuando vayas a la playa.
- Utiliza un aceite vegetal ecológico de primera presión en frío, con filtro UV para protegerte el cabello de los nefastos rayos del sol: aceite de sésamo, de yoyoba, de macadamia, de caléndula, de coco...

El viento

¡Qué agradable es dejarse acariciar el cabello por el viento! La lástima es que lo enreda, si llevas un peinado lo pierdes y, además, lo ensucia una barbaridad cuando arrastra polvo, polución y otras «maravillas» que se adhieren al sebo natural. Cuando hay ventoleras de las fuertes, lo mejor es recogerse el cabello y taparlo o usar una capucha o un gorro. También se puede optar por un pañuelo glamuroso, como en los años sesenta, al estilo de Romy Schneider.

El agua de mar

La sal del mar resulta muy abrasiva para el cabello. Cuando nos bañamos mucho en el mar, parece que el cabello se nos aclare: es el cloro (cloruro de sodio) contenido en la sal de mar, que favorece la oxidación del cabello y lo reseca hasta que queda como la crin de un poni. Aclárate bien el cabello con agua clara y vinagre blanco después de cada día de playa.

Debes saber: que el agua de mar es muy conveniente para los cabellos grasos por su efecto desecante. Por el contrario, los cabellos secos y castigados son muy sensibles y empeoran con el agua marina.

El agua de la piscina

¿Qué puede haber peor que bañar el cabello con el agua ultraclorada de una piscina? Para meterse en la piscina hay que ponerse un gorro de plástico que nos proteja el cabello, si queremos conservarlo con toda su salud. Si no, habrá que cortar el cabello en poco tiempo.

El frío

El frío deshidrata el cuero cabelludo y lo vuelve frágil y poco resistente a las agresiones externas. En invierno, el cabello se electrifica más y se enreda con facilidad. Es importante favorecer los tratamientos protectores como las mascarillas nutritivas e hidratantes, o los baños de aceite. No dudes en utilizar un gorro cuando la temperatura baje de 0 °C. La nieve estropea el cabello porque el agua helada rompe la fibra capilar. Nunca salgas de casa con el cabello mojado en invierno porque es más vulnerable y se estropea más rápidamente.

Cuando se tiene la regla

¿Te has dado cuenta de que nuestro cabello se ve más «mustio» cuando tenemos la regla? Parece brillar menos, se vuelve particularmente rebelde... Te advierto: ¡no es el momento de cortarse el cabello ni de darse un tinte!

Detener la caída del cabello

Perder el cabello puede ser angustioso, muy estresante; la alopecia suele conllevar la pérdida de la autoestima e incluso hacer que la persona caiga en un estado depresivo.

Éste es un tema que domino porque he sufrido una importante pérdida de cabello dos veces en mi vida. Sé lo que es sacarme puñados de cabello con la mano, ver aparecer claros en la cabeza, llorar al salir de la ducha porque he dejado en ella un montón impresionante de pelos que se me han caído... Conozco la tristeza y el miedo que siente una mujer que siempre ha llevado el cabello muy largo al saber que se está quedando calva y que la solución de emergencia pasa por un corte radical, sin poder hacer nada más y esperando tan sólo no quedarse calva del todo. En mi caso, la primera pérdida dramática de cabello tuvo lugar cuando dejé la píldora anticonceptiva; la segunda se produjo al seguir una dieta alimentaria considerada como «saludable» y que, finalmente, se reveló como carente de los nutrientes necesarios y productora de una desmineralización generalizada de mi organismo.

En este capítulo, compartiré con vosotras toda la información que fui descubriendo para detener lo más rápido posible la caída de cabello y favorecer el crecimiento. Pero lo que no haré será arriesgarme a dar consejos para luchar contra la caída del cabello masculina o las patologías graves como las alopecias declaradas. Esas alopecias se encuentran más allá de mis competencias. Mis consejos son, fundamentalmente, propuestas, pistas a seguir para detener la caída anormal y excesiva del cabello. Estas soluciones naturales son fruto de numerosas investigaciones, lecturas y consultas a los médicos que practican tanto medicina alopática como medicina alternativa. Gracias a dichas investigaciones, pude recuperar mi abundante cabello, mi voluminosa melena. Espero que, con todas estas propuestas, encuentres la solución adecuada para recuperar una melena de ensueño.

Causas de la caída del cabello

La caída del cabello puede deberse a desarreglos hormonales y al estrés. Puede aparecer tras un parto, tras una dieta inadecuada, a causa de la sensibilidad a determinados compuestos químicos que se esconden en productos convencionales, a un desequilibrio ácido-alcalino, a una mala higiene de vida, a los hongos, a la caspa, a una enfermedad... Actualmente, miles de mujeres la sufren, mientras que este problema no se daba en la antigüedad, ¿verdad? Creo que hay que preguntarse al respecto. ¿Cuántas mujeres se quejan de no tener apoyo, de que nadie les dé explicaciones sólidas y convincentes cuando piden ayuda al médico? ¿Acaso nadie se toma este problema en serio? La caída del cabello no es una fatalidad monstruosa, claro está, no provoca la muerte, pero es una alarma que te avisa de que algo no va bien en tu organismo.

La píldora

Se está hablando mucho de ella en los últimos tiempos… y no para bien. Digan lo que digan los médicos, tiene efectos tremendos en el organismo femenino y el peor de ellos, el que más lágrimas hace derramar, es la caída de cabello a puñados. La píldora trastorna el funcionamiento de las hormonas naturales. Solución de facilidad o efecto de modernidad, es un recurso empleado desde la primera juventud como método anticonceptivo seguro. Tan segura suele ser que la duración de su ingesta se alarga en el tiempo. Sus peligros son muy reales y los daños que provoca muy profundos, de los que tarda tiempo en repararse.

El estrés

¡Otro problema de hormonas! Es estrés es un factor agravante de la caída del cabello, sobre todo si se sufre a diario hasta transformarse en ansiedad crónica. El estrés forma parte de las perturbaciones de la salud que puede desencadenar enfermedades graves.

Las carencias alimentarias

Es un hecho más que constatado y, aun así, se tiende a minimizarlo: la gravedad de los problemas que desencadena una alimentación con carencias sobre el funcionamiento global del cuerpo y, de rebote, la caída del cabello, es sorprendente. Las mujeres que sueñan con una silueta de maniquí son muy sensibles a las dietas y a las modas alimentarias, y suelen minimizar la importancia del equilibrio y de la diversidad en la alimentación. Una simple falta de nutrientes, de vitaminas o de proteínas, los regímenes yo-yo, empobrecen el cabello hasta hacerlo caer en masa.

Una flora intestinal empobrecida

La flora intestinal desempeña un papel preponderante en la absorción y la metabolización de los alimentos que ingerimos, de cuya salud depende nuestro cabello. En ocasiones, intentamos comer lo mejor posible, tomar complementos alimenticios, pero nada parece funcionar. Es frecuente, en efecto, que la flora intestinal se dañe, se vea debilitada por una acidez excesiva como producto de un estrés continuado, por la toma de medicamentos, por una alimentación demasiado transformada e industrializada, por carencias, por la toma de hormonas contraceptivas, por un desequilibrio ácido-alcalino… Una flora intestinal que sufre y se empobrece agrava la caída del cabello.

El parto

La caída del cabello que tiene lugar tras un parto puede asustar, aunque no sea muy relevante. La nueva mamá se ve enfrentada a un trastorno hormonal además del estrés y el cansancio derivados de la atención al bebé durante las 24 horas del día. Todo ello puede provocar la pérdida de cabello, que puede ser más o menos importante dependiendo de la persona.

Los hongos

La caída del cabello puede ser debida a hongos microscópicos instalados en el cuero cabelludo, el más conocido de los cuales es la tiña. Sólo un médico dermatólogo podrá identificar y solucionar eficazmente este grave problema.

La caspa

La descamación del cuero cabelludo es un factor importante en la caída del cabello. Todo desarreglo patológico del cuero cabelludo se acompaña de una significativa caída de cabello. Es importante estar atenta para poner remedio lo antes posible.

La contaminación química

Champús, acondicionadores, espumas y geles, lacas, tintes... La elección de los productos que utilicemos para mantener bonito nuestro cabello tiene una importancia capital. Los componentes químicos que pueden estar presentes en este tipo de productos son absorbidos por la sangre y provocan alergias, asfixia progresiva del bulbo, deterioro profundo del cabello... Las agresiones reiteradas durante años acaban provocando la caída del cabello, una caída poco significativa pero cotidiana en unos casos, o excesiva y rápida en otros.

¿A quién consultar en caso de pérdida de cabello?

Cuando nos enfrentamos a la caída del cabello solemos encontrarnos sorprendidas y superadas por el problema, y no sabemos cómo actuar ni a quién consultar. Es bueno saber que el profesional más cualificado en este ámbito es el dermatólogo. Sólo él podrá evaluar la gravedad del problema y diagnosticarlo correctamente.

Las soluciones médicas

Los médicos no tienen 300 soluciones distintas para tratar la caída del cabello. En muchas ocasiones, la causa que la provoca no está nada clara. Hay tantas causas por las que se puede perder cabello, que los médicos no tienen por qué acertar forzosamente. Existen tratamientos médicos cuya eficacia está demostrada. Sin embargo, tengamos presente que dichos tratamientos son también compuestos químicos que suelen crear dependencia. En efecto, aunque los resultados parezcan concluyentes, la caída reaparece cuando se abandona el tratamiento. Y eso es porque el problema de base no está resuelto...

El análisis del cabello

Existe una ciencia cuyo objetivo es analizar el cabello a fin y efecto de «leer» lo que le ha pasado en varios meses, incluso años, para establecer un diagnóstico. Los especialistas son capaces de descubrir carencias, estrés, ingesta de medicamentos e informaciones esenciales para una mejor comprensión del problema. No obstante, se producen muchísimos engaños en este ámbito: gente que se autoproclama especialista cuando sus análisis son ridículos y sus precios prohibitivos. Si quieres pagarte este tipo de análisis, debes estar muy atenta. Un dermatólogo, en función de la gravedad de tu problema, te enviará a un especialista de verdad que hará un análisis microscópico de manera segura y profunda, todo ello pagado por la Seguridad Social, como toda actuación médica que realmente se precise.

Soluciones naturales y eficaces

Muchos somos los que hemos encontrado la felicidad en la naturopatía, una aproximación más natural que consiste en tratar el «terreno» en su conjunto, más que eliminar los síntomas que, al fin y al cabo, sólo son alarmas que anuncian un desarreglo profundo e instalado que debe corregirse. Según el naturópata Christopher Vasey: «El terreno es el conjunto de líquidos orgánicos en los que se bañan las células: la sangre, la linfa, el líquido cefalorraquídeo, etcétera». Desde esa perspectiva, es esencial comprender las diferentes necesidades del cabello, pero también analizar nuestra higiene de vida global para averiguar qué es lo que impide la renovación normal del cabello. Vamos a ver algunas pistas.

Adoptar los hábitos que contribuyen a llevar una vida saludable
¿Mantienes unos buenos hábitos de vida? Ésta es la primera pregunta que debes realizarte cuando pierdes el cabello. Los hábitos saludables proporcionan al organismo los medios para cumplir correctamente sus funciones y conservar la buena salud. La pérdida de cabello suele ser síntoma de una salud deficiente. ¿Cuáles son los pilares de unos hábitos saludables?

- La higiene: deshazte diariamente del sudor, la suciedad, la polución y opta por una higiene natural a base de productos limpiadores ecológicos.
- La alimentación: adopta una alimentación variada, busca productos estacionales y de proximidad. Prioriza la verdura a la carne y consume verdura y fruta cruda o ligeramente cocida.

- El ejercicio físico: sal, sube escaleras, corre, salta, baila, respira... No te quejes ante cualquier esfuerzo físico porque la oxigenación aportada por la actividad permite a tu cabello y a todo tu cuerpo desembarazarse más fácilmente de las toxinas acumuladas.
- El sueño: duerme de forma regular por lo menos siete horas para que tu organismo tenga tiempo de limpiarse y regenerarse.
- Mantén una buena actitud mental: nútrete de pensamientos positivos, no le des oportunidades al estrés para instalarse en tu vida. Rodéate de personas y cosas que te motiven y te inspiren.

Llevar un ritmo de vida loco, una alimentación rápida y descuidada, acumular cansancio y estrés, vivir sedentariamente... no te aportará nada bueno y serán factores agravantes para la pérdida de cabello. Muchas mujeres buscan soluciones milagrosas sin pensar en cambiar su estilo de vida. El resultado nunca será bueno ni durará eternamente. Tienes que coger el toro por los cuernos si quieres que las cosas funcionen.

Reforzar la flora intestinal
Millones de bacterias habitan en nuestro aparato digestivo. ¡Es el ecosistema más denso del planeta! Las bacterias ayudan a digerir los alimentos, a reconocer lo que es tóxico de lo que no. Permiten utilizar mejor y almacenar los nutrientes de los que nuestro organismo tiene necesidad. Si esa flora bacteriana se empobrece, se desnaturaliza o desaparece, aunque te alimentes correctamente y tomes cientos de complementos alimenticios naturales, tu organismo sufrirá las mismas carencias y no fijará los nutrientes indispensables para la buena salud del cabello. La ingesta de medicamentos, el estrés, los aditivos y pesticidas presentes en una alimentación inadaptada, la píldora anticonceptiva, las alergias e intolerancias alimentarias no detectadas ni curadas, desarreglan la flora intestinal. Para remediarlo, puedes consumir probióticos (fermentos lácticos). Cuantos más microbióticos contengan los probióticos, más activos resultan.

Colmar las carencias
Las carencias suelen deberse a un desarreglo global que obstaculiza la buena marcha del organismo. Para quedarte tranquila, pide un chequeo a tu médico o a tu dermatólogo, que establecerá tus principales necesidades (aprovecha para solicitar un análisis hormonal). Debes tener en cuenta que no siempre es fácil averiguar cuáles son todas las carencias. Pero cuando las principales estén detectadas, convendrá corregirlas aportando al organismo los elementos que faltan, mediante alimentos concretos o complementos naturales.

Regular el equilibrio ácido-alcalino

La pérdida de cabello suele deberse a un desequilibrio ácido-básico. Los líquidos fisiológicos vitales, como la sangre, la saliva o la linfa, tienen el papel de conservar un pH ni demasiado ácido ni demasiado neutro. Ésta es una referencia para determinar el equilibrio ácido-alcalino. Por desgracia, el pH varía a menudo a causa de una alimentación inadaptada o el estrés, lo que provoca una disfunción global del organismo. Dicho desequilibrio puede causar numerosos síntomas, como la caída del cabello. Por lo tanto, hay que mantener un buen equilibrio ácido-básico mediante una alimentación adecuada, una buena oxigenación y el equilibrio mental… Para ello, es fundamental recordar que hay que favorecer los alimentos «alcalinos» y disminuir los ácidos.

- Los alimentos ácidos deben aportarse en pequeña cantidad. Son: las carnes, la charcutería, los crustáceos, las harinas y azúcares refinados, el chocolate, los caramelos, la pastelería, el alcohol, las bebidas azucaradas y/o gaseosas, los confites, los aceites calentados, las grasas animales, los huevos, los cereales refinados, el pan blanco, las legumbres, los lácteos –particularmente los pasteurizados, aromatizados y azucarados–, las nueces, las avellanas, los tomates, las berenjenas…
- Los alimentos alcalinos deben ser aportados del 50 al 70 por 100 en la dieta cotidiana. Son: las patatas, los plátanos, las castañas, la verdura verde, la verdura de colores, los cereales integrales, los lácteos frescos, las almendras, el maíz, el agua mineral, otros frutos secos, aguacates, aceites de primera presión en frío, azúcar integral…
- Hay alimentos de sabor ácido pero de efecto alcalinizante para la mayoría de la gente (salvo una pequeña minoría que no es capaz de oxidar convenientemente el ácido de la fruta y cuyo organismo sufre una desmineralización, de modo que deben evitar estos alimentos; casi siempre, estas personas están cansadas, tienen problemas de sueño…): todas las frutas, salvo el plátano (fruta roja, manzanas, peras, limones…), el kéfir, la chucrut, la verdura lactofermentada, el vinagre, la miel…

Aportes esenciales y complementos alimenticios

Cuando el cuerpo se expresa a través de la caída del cabello, parece claro que necesita ácidos. Los complementos alimenticios específicos pueden solventar esta carencia. Quizás me repita más que el ajo, pero tengo que insistir en que lo complementos alimenticios no son milagrosos y no tendrán impacto alguno si no se adopta una correcta higiene de vida que propicie el equilibrio de la flora intestinal, si es necesario mediante el aporte de probióticos. Todos los aportes esenciales citados aquí deben priorizarse en su forma de alimentos.

Procura que estén presentes en tu alimentación cotidiana. Evita los complementos alimentarios sintéticos que no suelen ser bien absorbidos ni metabolizados por el organismo.

El hierro

Muchas mujeres sufren anemia a causa de una mal absorción del hierro. Cuando se pierde el cabello, hay que verificar si hay carencia de hierro mediante un análisis de sangre. En efecto, el hierro ayuda a la oxigenación de las raíces ¡por eso es tan importante! Para paliar la carencia de hierro podremos recurrir a complementos siempre con prescripción médica. Sin embargo, además de requerir curas largas, el hierro en forma de pastilla puede verse elevado en sangre pero no fijarse en el organismo. Siendo así, no se conseguirá el efecto deseado. Pero el hierro adquirido a través de la alimentación se fija mejor. El hierro se encuentra en: la carne roja, los brotes, las lentejas, la verdura verde, la lúcuma en polvo, la melaza... El color verde debe estar cada día en nuestros platos. También puedes buscar complementos naturales como la alfalfa, la espirulina concentrada o la espirulina normal (alga). El hierro se asimila mejor si se acompaña de vitamina C. Conviene combinar los alimentos ricos en hierro o lo complementos con fuentes de esta vitamina: naranjas, kiwis, verdura de colores...

El zinc

La carencia de zinc se manifiesta por la caída de cabello y por las uñas quebradizas. El zinc debe ingerirse a diario cuando sufrimos pérdida de cabello. Los alimentos que contienen zinc naturalmente son: el sésamo, el chocolate negro, las ostras, la carne, los cacahuetes... El zinc no sólo asegura una bonita piel, sino también un crecimiento de cabello fuerte y bonito. Se pueden comprar ampollas de zinc en la farmacia, pero el mejor complemento de zinc bioasimilable es el polvo de ostra en forma de perlas. Es muy eficaz, pero también es bastante caro.

El azufre

El aporte de azufre es muy importante para el cabello, esencial para la síntesis de la queratina. Te ayudará verdaderamente y favorecerá el crecimiento de cabello nuevo. Come ajo cada día, de cualquier forma, crudo, cocido, chafado... Personalmente soy fan de los ajos en camisa, cocidos al vapor, porque resultan muy digestivos. También puedes usar un complemento de azufre ecológico, las perlas de aceite de Haarlem (que dejan olor a trementina cuando se va al lavabo), disponibles en la farmacia o en webs especializadas. Es muy eficaz para el cabello, pero también para los problemas de piel.

La vitamina B

La vitamina B es muy importante para que crezca cabello nuevo. Ayuda a la renovación de las células del folículo piloso. Se encuentra en las legumbres, en los cereales integrales, en la verdura de hoja verde (espinacas, espárragos trigueros, brócoli, lechuga...), los plátanos, la soja fermentada... También puedes comprar complementos alimenticios naturales que contengan vitamina B, como la levadura de cerveza o el germen de trigo. Suelen presentarse en forma de perlas o de pajitas fáciles de añadir a los platos. Se compran en la farmacia, en las grandes superficies (en el sector dietético), en tiendas bio y en webs. Puedes tomar complementos de vitamina B: en ese caso, es mejor escoger complementos completos, que contienen todas las vitaminas del grupo B.

Las proteínas

El cabello está compuesto de aminoácidos. Es importante, en consecuencia, que no falten las proteínas. Huevos, carne blanca, pescado, lácteos crudos, lentejas, soja fermentada, garbanzos, frutos secos... el abanico de alimentos que contienen proteínas es muy amplio. Intenta aportar a tu organismo toda la diversidad de proteínas posibles, variando los productos que ingieras. Si eso te resulta difícil, consume las proteínas en forma de brotes germinados, de espirulina (alga), de proteínas vegetales crudas en polvo, de polen... No compres, en la farmacia, proteínas en polvo que no sean bio o de soja transgénica: ¡son perjudiciales para el organismo! Además, ten en cuenta que las dietas demasiado ricas en carne son nocivas para el cabello, más que la carencia de proteínas.

Los aceites

Integra los aceites ecológicos de primera presión en frío a tu dieta diaria (no vale si calientas o fríes el aceite), porque son importantes para la nutrición del cabello desde el interior: aceite de oliva, de girasol, de nuez... También puedes consumirlo en perlas: mezcla de aceites, aceite de hígado de bacalao, etcétera. Estos aceites de hígado de pescado tienen una acción muy favorable sobre las hormonas.

Truco: come nueces cada día, almendras y avellanas. Estos frutos secos son deliciosos, sirven para picotear y aportan nutrientes esenciales para la salud del cabello.

Complementos «especiales para el cabello»

Puedes optar por complementos especiales contra la caída del cabello, de eficacia probada, junto con una alimentación sana y una buena higiene de vida. Vigila siempre sus ingredientes: tienen que combinar los aportes esenciales anteriormente citados para obtener buenos resultados.

Otros complementos alimenticios reconocidos para luchar contra la caída del cabello

Información: Toda cura debe durar, por lo menos, 21 días y puede extenderse de 3 a 6 meses, según los casos. Si tienes dudas, consulta con tu médico o tu farmacéutico. Esta lista no tiene por objeto hacerte comprar quince complementos distintos. Se trata de que escojas el que mejor te vaya, como mucho 2 o 3, pero no exageres comprando. Lo más importante es la calidad y la variedad de los aportes diarios.

El ácido fólico

Se trata de la vitamina B_9. La carencia de ácido fólico favorece la caída del cabello. Si estás tomando o has tomado la píldora anticonceptiva, un suplemento de ácido fólico es fundamental. En caso de duda, consulta con el médico. El ácido fólico se compra en la farmacia, en tiendas bio o en Internet.

La biotina

La biotina, también llamada vitamina B_8 o «vitamina H», se encuentra en la soja, en la yema del huevo, el hígado, los copos de avena, el aguacate... La carencia de biotina provoca pérdida de cabello y uñas quebradizas. Hay numerosos casos de mujeres satisfechas con sus curas de biotina.

El magnesio

La carencia de magnesio está muy extendida. Provoca alteraciones en la piel, las uñas y el cabello. Encontramos magnesio en la verdura de hoja verde, en los cereales integrales, en los frutos secos (nueces, almendras, avellanas...), en la legumbre (judías, guisantes, lentejas...), en el chocolate negro y en ciertas aguas minerales. Puedes completar tu alimentación haciendo una cura de cloruro de magnesio, germen de trigo, semillas de cacao crudas...

La levadura de cerveza

La levadura de cerveza es la referencia para ayudar al crecimiento de cabello nuevo. Forma parte de los alimentos más ricos en vitaminas del grupo B. También tiene un efecto desintoxicante en todo el organismo. ¡Es fundamental e indiscutible!

La maca

La maca es un tubérculo peruano transformado en polvo, que tiene un efecto estimulante y tonificante en el organismo. Lucha contra numerosos problemas como el debilitamiento del sistema inmunitario, la anemia, la depresión, los desequilibrios hormonales, el estrés, el insomnio y, naturalmente, la caída del cabello y el cabello enfermo. A razón de una cucharadita al día, tiene efectos remarcables en poco tiempo.

La melaza negra

La melaza negra es un subproducto de la caña de azúcar. Presenta un fuerte contenido en azúcar pero también es muy rica en minerales, vitaminas, oligoelementos y hierro (particularmente interesante para las personas anémicas). Consúmela a razón de 1 o 2 cucharaditas disueltas en agua caliente, al día, bebiéndola a sorbitos para evitar gases. Aporta nutrientes esenciales para mantener a raya la caída del cabello.

El polen

Aquí tenemos un extraordinario alimento, rico y completo, que procede de las flores y que es el resultado del arduo trabajo de las abejas. El polen es rico en proteínas, glúcidos, lípidos, vitaminas, sales minerales, oligoelementos, enzimas, antibióticos naturales... Estimula el metabolismo, nutre en profundidad y desintoxica. Es el complemento de referencia para prevenir la caída del cabello. Se compra en las tiendas bio, en forma seca o viva (congelado). A mí me gusta la forma viva (congelada) porque me parece más activa y deliciosa. Hay pólenes de diferentes fuentes (mil flores, castaño, sauce...) cada uno con un sabor característico y singular.

La arcilla

La arcilla puede consumirse en forma de complemento alimenticio y es buena para luchar contra la caída del cabello porque contiene un importante porcentaje de calcio. Se puede hacer una cura de arcilla en polvo (arcilla verde muy fina, diluida en un vaso de agua por la noche y bebida a la mañana siguiente, al levantarse), o tomarla en forma de perlas.

La jalea real

Tesoro natural elaborado por las abejas, la jalea real es un profundo regenerador celular y un revitalizante general. Es un agente básico para detener la caída del cabello. Además, casi siempre está presente en la composición de los productos capilares de calidad superior.

La ortiga picante

Las perlas de ortiga picante son particularmente interesantes porque la ortiga es un mineralizante profundo, fuente de vitaminas, depurativo y agente de refuerzo para el sistema inmunitario. Se recomienda para luchar contra la caída del cabello, favorecer el crecimiento de cabello nuevo y suprimir la caspa, en caso de que haya.

El zumo de aloe vera

El aloe es una planta mágica! En forma de zumo es un complemento alimenticio de calidad. Rico en vitaminas C y E, aumenta las propiedades antioxidantes de las vitaminas. Está indicado para luchar contra las carencias y el debilitamiento del sistema inmunitario. También favorece el transporte de oxígeno y nutrientes en la sangre.

El mijo

El mijo es un cereal sin gluten, originario de los países más cálidos de África y Asia, que debería descubrirse e integrarse en los menús, sobre todo en caso de caída de cabello. Contiene magnesio, potasio, hierro, vitaminas, zinc, sílice, proteínas...

Hidrolatos específicos

Recordatorio: Los términos «hidrolatos» y «aguas florales» designan los mismos productos (*véase* pág. 11).

Fáciles de utilizar y sin peligro alguno, los hidrolatos poseen las mismas virtudes que los aceites esenciales, pero están menos concentrados en sus principios activos. Por eso se toleran mejor, se adaptan mejor a los niños y no tienen contraindicaciones. Vamos a ver una lista no exhaustiva de hidrolatos que permiten combatir la caída del cabello.

Romero

Especialmente eficaz para el cabello fino, favorece el crecimiento y devuelve luminosidad al cabello. Se considera muy útil en la lucha contra la alopecia. Pero tiene un problema: oscurece el cabello. Por eso se adapta mejor a los cabellos oscuros y negros.

Salvia

Regula el sebo, revitaliza la fibra capilar, devuelve la fortaleza y el brillo al cabello, luchando eficazmente contra la caída y estimulando el crecimiento de cabello nuevo y sano.

Ortiga

Potente fortificante capilar, es eficaz contra la caída y combate la caspa.

Cola de caballo

Proporciona espesor y brillo al cabello. El azufre que contiene refuerza la queratina. Está particularmente indicado para el cabello seco y castigado.

Menta piperita

La menta piperita está reconocida por activar la microcirculación y, por tanto, el riego de sangre y la oxigenación de los bulbos. Además, es un potente antibacteriano.

Albahaca

Es famosa por ser un buen tónico para el cuero cabelludo, fortifica el cabello y actúa contra su caída.

Enebro

Especialmente indicado para el cabello graso, regula el sebo y purifica el cuero cabelludo. Tiene un poder descongestionante para los bulbos que permite luchar contra la caída del cabello.

Cómo utilizar los hidrolatos

Directamente, con un masaje en el cuero cabelludo, o en espray para toda la melena. También pueden añadirse al champú o a cualquier tratamiento capilar.

El aceite de ricino

El aceite de ricino resulta muy aconsejable para las personas que sufren severas caídas de cabello, calvas en la cabeza y alopecia seria. Utilizado regularmente como baño de aceite antes del champú, permite estimular el crecimiento y favorece que el cabello vuelva a crecer en las calvas. Se aplica en pequeña cantidad directamente sobre el cuero cabelludo, con un suave masaje. Deja actuar de 20 a 30 minutos y después lávate con champú. Cuidado, porque oscurece el color.

El aceite de oliva

Los baños y masajes del cuero cabelludo con aceite de oliva virgen están recomendados para luchar contra la caída del cabello. Contiene antioxidantes (vitamina E) que luchan contra el envejecimiento de las células, favoreciendo una buena circulación sanguínea. También es muy eficaz contra la caspa y los piojos, gracias a sus propiedades antibacterianas y antifúngicas.

El zumo de cebolla

El zumo de cebolla forma parte de los productos sorprendentes que tienen efectos probados contra la caída del cabello. La cebolla favorece la circulación sanguínea, permitiendo a los folículos nutrirse y oxigenarse mejor. Es rico en azufre, que contribuye a la regeneración de los folículos. Sanea el cuero cabelludo tratando todas las afecciones de la piel. Gracias a sus aportes nutritivos, permite estimular el crecimiento y volver el cabello más fuerte, evitando su caída.

Atención: si tienes heridas o un cuero cabelludo hipersensible, la cebolla puede irritarte. En esos casos no la uses.

Para elaborar un zumo de cebolla, pela y corta una cebolla grande. Métela en la batidora hasta conseguir un puré. Pásalo por el chino y presiona para que salga todo el jugo posible. Ponlo en un frasco. Aplica el zumo sólo en las raíces y deja actuar unos 20 minutos. Después lávate con champú. Puedes hacerte esta cura una vez por semana durante uno, dos o tres meses.

Truco: para sacar el mejor partido de este tratamiento, exfóliate el cuero cabelludo previamente. En efecto, la presencia de células muertas en el cuero cabelludo podría absorber el olor de la cebolla y tendrías dificultades para eliminarlo, a pesar del champú.

El ritmo del champú

¡Éste es un tema interesante! Las recomendaciones son divergentes, pero tanto los profesionales de la dermatología como los peluqueros coinciden en una cosa: lavarse el cabello de forma regular no los hace caer, todo lo contrario: tiene efectos positivos. Ciertamente, en la mayoría de los casos, cuando se produce la caída del cabello, suele haber un exceso de sebo. El sebo asfixia el bulbo, atrofiándolo, con lo cual muere y el cabello cae. Cuando se pierde el cabello, hay que lavarlo a menudo. Lógicamente, lavarlo con productos químicos nocivos no hará sino agravar la situación y si, además, le añades peinados agresivos, el uso de secador y planchas, el resultado es catastrófico. El lavado regular debe ser suave, con un champú natural o con *no-poo* (*véase* pág. 37). Cuantos más tratamientos naturales utilices, menos se te engrasará el cabello y más posibilidades tendrás de espaciar los lavados.

El automasaje

A menudo se habla de los beneficios del masaje en el cuero cabelludo para oxigenar y favorecer el crecimiento del cabello. Pero ¿ocurre lo mismo en caso de caída? Cuando se va perdiendo el cabello, se tiene caspa o grasa, se desaconseja dar masajes. En efecto, los masajes generan estimulación de las glándulas sebáceas, lo cual va en contra del efecto que se busca para detener la caída. En ese caso, habrá que contentarse con un suave masaje con el champú o en la aplicación de un tratamiento.

5 Recetas de tratamientos anticaída

Receta n.º 1
100 ml de leche de coco – 1 cucharada de hidrolato de romero – 1 cucharada de miel líquida – 1 cucharada de gel de aloe vera – 1 cucharadita de aceite de ricino – 3 gotas de aceite esencial.
Mezcla todos los ingredientes en un bol. Aplica en toda la cabellera efectuando un masaje suave. Deja actuar durante 30 minutos y luego lava con champú.

Receta n.º 2

3 cucharadas de aceite de yoyoba – 3 gotitas de aceite esencial de romero – 1 cucharadita de gel de aloe vera.

Mezcla todos los ingredientes en un bol. Aplica en toda la cabellera con un masaje suave con la yema de los dedos. Deja actuar durante 30 minutos y aplica el champú.

Receta n.º 3
(Particularmente adaptada a los cabellos grasos)

1 vaso con una mezcla de arcilla y agua mineral (una pasta ni muy líquida ni muy espesa) – 1 cucharada de hidrolato de salvia – 3 gotitas de aceite esencial de enebro.

Mezcla bien todos los ingredientes en un bol. Aplica en toda la cabellera efectuando un masaje suave con la yema de los dedos. Deja actuar durante 20 minutos y después lava con champú.

Receta n.º4

Zumo de 1 limón – aceite de arañuela.

Masajea el cuero cabelludo con el zumo de 1 limón y deja actuar 10 minutos. Enjuaga y después aplica el aceite de arañuela desde la raíz, raya a raya. Deja actuar durante 20 minutos y después lava con champú.

Receta n.º 5

3 puñados de hojas frescas de romero – vinagre blanco.

Mete las hojas de romero en un bol y cubre con vinagre blanco. Deja reposar 10 días y después filtra. Utilízalo como agua de enjuague: añade una tacita de esta preparación a la última agua de aclarado.

Evacuar las toxinas

«Cuando el terreno está cargado de toxinas, los órganos congestionados y la sangre sucia, los tejidos intoxicados y las células asfixiadas por los desechos, sólo hay una acción lógica para devolver el cuerpo al estado de salud: limpiarlo». (Christopher Vasey, *Petit traité de naturophatie*). Como ves, un cuerpo ahogado en toxinas tiene graves dificultades para ser eficaz en todos los ámbitos, y más aún para luchar contra la caída del cabello. Para evacuar las toxinas acumuladas (con frecuencia profundamente almacenadas en las células grasas), te propongo soluciones simples que podrás incluir en tus cuidados cotidianos.

Aceleradores del crecimiento

Somos muchas las mujeres que manifestamos un auténtico entusiasmo cuando se trata de hablar del crecimiento del cabello. Para convencerse, basta con leer los numerosos «periódicos de crecimiento» que florecen por Internet.

La idea de ganar unos cuantos milímetros, incluso centímetros, de más en el crecimiento habitual del cabello nos electriza. Estamos siempre alertas, vigilantes, midiendo… Hay que comprender que el crecimiento del cabello es un fenómeno que, cuando podemos acelerar mediante ciertos tratamientos, nos da la sensación de control sobre el propio cuerpo, ¡un control satisfactorio y envidiable! Vamos a dar a conocer varios aceleradores del crecimiento reconocidos por su eficacia.

Recordatorio: es importante comer de forma variada, con alimentos integrales, ecológicos si es posible, con predominancia de la verdura. Beber suficiente agua a diario y realizar una actividad física regularmente. Conviene tener buenas noches de sueño reparador. Adopta una actitud positiva frente a la vida. Ése es el secreto de un buen crecimiento del cabellos.

Aceite de ricino

También conocido como «aceite de castor», es un aceite vegetal (¡no de castor, quédate tranquila!) que favorece el crecimiento del cabello. Es espeso y viscoso, lo que hace su uso un poco difícil, pero es muy eficaz. Para facilitar su aplicación, se aconseja mezclarlo con un aceite más ligero, como el de argán o el de oliva… Te propongo utilizar en aplicación directa sobre el cráneo y el cabello con un suave masaje. Como pasa con todos los aceites vegetales, conviene que sea de primera presión en frío. Ten cuidado con la cantidad: no te pongas demasiado porque si te pasas tendrás que darte 4 champús para retirarlo del todo. Deja actuar de 20 a 30 minutos antes de lavar.

Aceite de aguacate

Este aceite verde es famoso por su capacidad para cuidar y prevenir el cabello seco, pero no sólo sirve para eso, también estimula y favorece el crecimiento. Date un masaje suave con aplicación directa sobre el cuero cabelludo; deja actuar de 20 a 30 minutos y lava con champú.

Aceite de cáñamo

Rico en ceramidas, ácidos grasos esenciales, aminoácidos... es un aceite de alta calidad nutritiva para el cabello. Si se utiliza como baño de aceite, aporta brillo, volumen y elasticidad. También es reconocida su capacidad para favorecer el crecimiento. Los cabellos encrespados que tardan en crecer lo adoran. Es un aceite que hay que probar. Su perfume herbal lo hace muy singular.

Aceite de mostaza

Muy utilizado por las indias, refuerza el cabello y lo deja brillante. Estimula eficazmente el crecimiento del cabello, la circulación sanguínea y el bulbo capilar. Aplícalo directamente en las raíces y date un suave masaje con las yemas de los dedos. Notarás una sensación de calor en la cabeza. Es completamente normal y es una característica de su acción.

Atención: este aceite es muy activo y no se aconseja aplicarlo más de una vez por semana. Además, no debe emplearse en los cueros cabelludos irritados o muy sensibles.

Leche o crema de coco

La leche de coco refuerza el cabello, le aporta volumen, lo suaviza, lo vuelve más flexible, lo hidrata en profundidad y, lo más importante, estimula su crecimiento. Utilizado como cura, te sorprenderá por su eficacia. Se aplica mecha a mecha, de la raíz a las puntas. Deja actuar 30 minutos antes de lavar con champú. Si quieres, puedes aplicarlo la noche antes de lavarte el cabello, para que actúe toda la noche. Personalmente, me gusta incluirla en todas mis mezclas.

Truco: ¿No has gastado todo el brick? La leche de coco se conserva poco tiempo en la nevera pero puedes aumentar su duración añadiendo un poquito de aceite por encima, sin mezclarlo. Así se conservará de 1 a 2 semanas.

Atención: la leche de coco retira los tintes vegetales.

La alfalfa

La alfalfa es una planta típica de las zonas templadas de Europa, con extraordinarias cualidades nutritivas y mineralizantes. Contiene importantes niveles de proteínas, vitaminas, oligoelementos (hierro, fósforo, zinc, cobre, selenio, sílice), de minerales... Es un fabuloso concentrado de beneficios que activará eficazmente el crecimiento del cabello.

El gel de aloe vera

Hidratación, regeneración, reparación, regulación... Las virtudes del aloe vera son numerosas. Es una planta rica en minerales y vitaminas (A, B, C y E). Equilibra el pH del cuero cabelludo, normaliza la secreción de sebo y estimula la circulación de la sangre, lo cual permite respirar al cabello y estimula el crecimiento de cabello nuevo. Visualmente es un gel casi transparente (el color varía según la planta). Para una mejor conservación, mételo en la nevera. Puedes aplicarlo directamente sobre el cuero cabelludo con un suave masaje. Si te pones más de la cuenta no pasa nada porque no hay ni que enjuagarlo. El aloe es eficaz de todos modos.

La ortiga picante

La loción y la tisana de ortiga son famosas por estimular el crecimiento del cabello. Es un fortificante natural rico en minerales y vitaminas. Conviene a todo tipo de cabello porque regula el sebo, pero justamente por eso va de perlas para el cabello graso. Para hacer una loción de ortiga, pon a hervir de 100 a 200 ml de agua mineral y añade 2 cucharadas de hojas de ortiga. Apaga el fuego y deja que repose varias horas. Una vez fría, filtra la tisana con un colador fino. Vierte la loción en una botellita con pulverizador. Aplica 1 vez al día durante 1 mes, por lo menos, directamente sobre las raíces y efectúa un suave masaje. Puedes conservar esta loción de 2 a 3 semanas en la nevera. Su olor te indicará si se ha puesto mala o no.

Para hacer una tisana de ortiga, pon a hervir 1 litro de agua en una cacerola. Retira del fuego, añade 1 o 2 cucharadas de hojas de ortiga seca y deja reposar. Cuando la tisana tenga un color subido de tono, fíltrala y bébetela varias veces al día. Su sabor es fuerte, muy herbal. No gusta a todo el mundo. ¡Decide tú!

El aceite de ajo

Éste es un acelerador del crecimiento de eficacia probada ¡pero que sólo se reserva a las más atrevidas! El ajo sanea el cuero cabelludo reforzando los bulbos. Es rico en vitaminas C, B_1, B_6 y en azufre, lo cual estimula el crecimiento. Para sacar el mayor partido posible, exfóliate el cuero cabelludo antes de aplicarlo (*véase* pág. 26). En efecto, las células muertas absorberán el olor a ajo y luego tendrás grandes dificultades para eliminar ese fuerte olor de tu cabello. Para hacer aceite de ajo, retira la piel y el germen de 5 dientes de ajo. Redúcelos a puré y añade 50 ml de aceite de oliva de primera presión en frío. Deja macerar 3 días, tapado, en un rincón seco y oscuro de la cocina (no en la nevera). Filtra, pasado ese tiempo, y no dudes en apretar bien con el chino para aprovechar todos sus principios activos. Aplica sobre el cabello sucio. Date en las raíces, raya a raya, con ayuda de un pincel de tinte o con los dedos (y unos guantes). Deja actuar de 20 a 30 minutos y después lava con champú. Puedes aplicártelo 1 vez a la semana de 1 a 3 meses para obtener resultados concluyentes.

Truco: Añade 2 o 3 gotas de aceite esencial de limón. Si el olor es demasiado persistente, aclárate el cabello con zumo de limón disuelto en agua.

Polvos ayurvédicos

¿Cuál es el secreto de las mujeres indias para tener un crecimiento acelerado del cabello? Unos polvos mágicos que fortifican los cabellos, los hacen más espesos, más fuertes, más brillantes, más voluminosos, más suaves ¡y con una estimulación real del crecimiento! Puedes utilizar estos polvos regularmente, en forma de mascarilla o de *no-poo* (*véase* pág. 37), sin arriesgarte a secar el cabello. Los polvos ayurvédicos se compran por Internet o en tiendas especializadas en productos de la India. Veamos una lista no exhaustiva.

Polvos ayurvédicos para mascarillas
- Los polvos de amla, brahmi, maca y bhringraj, se aconsejan para las morenas, porque oscurecen el color de cabello.
- El polvo de kapoor kachli conviene a todos los colores de cabello.

Polvos ayurvédicos para limpiar el cabello (*no-poo*)
- El *shinkakaiï* limpia el cuero cabelludo en profundidad y desenreda el cabello. Cuidado: oscurece el color del cabello.
- El *kachur sugandhi*, de agradable olor, permite limpiarse el cabello suavemente.

La levadura de cerveza

¿Complemento alimenticio milagroso para el crecimiento del cabello? Pues sí, a la vista de los resultados obtenidos por miles de mujeres. La levadura de cerveza es el alimento natural más rico en vitaminas del grupo B, tan importantes para la síntesis de la queratina, que representa el 95 por 100 de la fibra capilar. Puedes comprarla en forma de perlas o en polvo, en las tiendas bio, en las grandes superficies, en farmacias y por Internet. La posología viene detallada en la caja. Hacer curas de 3 meses varias veces al año es sanísimo y fomenta el crecimiento del cabello.

El jengibre

Reconocido como potente estimulante del cuero cabelludo, forma parte de los productos más eficaces para estimular el crecimiento del cabello. Veamos ahora unas recetas simples que te satisfarán plenamente.

Atención: abstente del uso del jengibre, que es muy activo, si tu cuero cabelludo es sensible o está irritado.

Máscara de jengibre n.º 1

1 cucharada de jengibre picado – 1 o 2 cucharadas de aceite de sésamo.
Mezcla ambos ingredientes hasta obtener una pasta homogénea. Aplica directamente sobre el cuero cabelludo, raya a raya, efectuando un suave masaje con la yema de los dedos. Deja actuar de 20 a 30 minutos y luego lávate con champú.

Máscara de jengibre n.º 2

1 cucharada de polvo de jengibre – 1 o 2 cucharadas de aceite de sésamo (o de oliva o de yoyoba).
Mezcla ambos ingredientes hasta obtener una pasta homogénea. Aplica directamente sobre el cuero cabelludo, raya a raya, efectuando un suave masaje con la yema de los dedos. Deja actuar de 20 a 30 minutos y luego lávate con champú.

Máscara de jengibre n.º 3

Prepara una maceración de jengibre: pela y pica un jengibre fresco. Añádelo a una botella de aceite de sésamo, de yoyoba o de oliva. Deja macerar de 3 días a 3 semanas y después filtra. Utilízalo como baño de aceite: aplica directamente sobre las raíces con un pincel de teñir o con los dedos. Deja actuar de 20 a 30 minutos y luego lava con champú.

¿Lo sabías?

El jengibre es famoso por su acción de aclarar el color del cabello. Puedes hacerte un zumo de jengibre con la licuadora. En aplicación directa sobre las raíces y el cabello (dejando actuar de 20 minutos a 1 hora) acelera el crecimiento y aclara el cabello.

La oxigenación mediante el deporte

Practicar deporte regularmente permite eliminar el estrés y las toxinas, y favorece la circulación sanguínea, con lo que se consigue una mejor oxigenación de la sangre. Estos factores determinantes permiten que el cabello se desarrolle libremente y crezca más rápido.

Los aceites esenciales

Puedes añadir a tu champú o a tus tratamientos capilares unas cuantas gotas de aceite esencial especial para estimular el crecimiento: romero, jengibre, palosanto, menta, salvia...

Atención: los aceites esenciales deben manejarse con precaución y están prohibidos en las mujeres embarazadas y en los lactantes, porque llegan a la sangre. Si tienes dudas, consulta a tu médico, farmacéutico o naturópata. Además, debe evitarse todo contacto con las mucosas y si entra en los ojos no hay que enjuagarlos con agua, sino con aceite, además de ir corriendo al médico. Los aceites esenciales deben conservarse lejos del alcance de los niños.

El agua

Beber agua es el medio más simple y eficaz para eliminar toxinas. Beber por lo menos 7 u 8 vasos de agua al día permite tener un cabello hidratado y mejor salud. Hay que beber incluso sin sed.

El masaje del cuero cabelludo

Se conoce como «automasaje». Es una forma sencilla de concederle un poco de tiempo al cuero cabelludo y estimular su crecimiento, al tiempo que se pasa un ratito agradable. Con la pulpa de los dedos (¡nunca con las uñas!) y los dedos abiertos, se van efectuando presiones y movimientos circulares por toda la cabeza. De este modo se activa la circulación y se permite una mejor irrigación de los bulbos, favoreciendo el crecimiento del cabello.

Atención: el automasaje está reservado a personas con el cuero cabelludo más bien seco y deshidratado. A los cabellos grasos no les favorecen estos masajes porque hay riesgo de aumentar la secreción de sebo.

Eres tú quien debe valorar el ritmo de crecimiento de tu cabello. Aprende a cuidarte la melena pero no te obsesiones con su crecimiento día a día. El cabello crece, pero hace falta tiempo para percibirlo. Olvídate de su crecimiento unos meses y te sorprenderás con los resultados.

Una buena rutina de cuidados

- Desenredado y cepillado del cabello – 20 minutos de mascarilla nutritiva e hidratante – *no-poo* con madera de Panamá – último aclarado con agua de enjuague de vinagre blanco diluido – secado con toalla de algodón o microfibra – crema hidratante sobre el cabello húmedo (pero no en raíces) – secado natural.

- Desenredado y cepillado del cabello – 20 minutos de baño en aceite vegetal (coco, oliva, yoyoba, argán...) – champú bio, natural – acondicionador suave y bio – última agua de aclarado con zumo de limón diluido – secado con camiseta de algodón – crema hidratante en cabellos húmedos (largo y puntas) – secado con secador a baja temperatura.

- Desenredado del cabello – 20 minutos de tratamiento con gel de aloe vera – champú de huevos – último aclarado con decocción de romero – secado con toalla de microfibra – espray de agua floral por toda la melena – crema hidratante en el cabello húmedo (largo y puntas) – secado con secador a baja temperatura.

- Desenredado y cepillado del cabello – exfoliación del cuero cabelludo – champú bio natural – acondicionador de huevos – último aclarado con vinagre blanco diluido – secado con toalla de microfibra – crema hidratante sobre cabello húmedo (largo y puntas) – secado con secador a baja temperatura.

- Desenredado y cepillado del cabello – 20 minutos de mascarilla de leche de coco – *no-poo* con nueces de lavado – última agua de aclarado con infusión de menta – secado con toalla de microfibra – tratamiento hidratante sobre cabellos húmedos (largo y puntas) – secado al natural.

- Desenredado y cepillado del cabello – 1 o 2 veces por semana, 20 minutos de tratamiento (baño de aceite, mascarilla nutritiva e hidratante, exfoliación, macerado de ajo, leche de coco...) – champú bio y natural o *no-poo* 2 o 3 veces por semana – acondicionador bio y natural 2 o 3 veces por semana – último aclarado con agua de enjuague (al vinagre blanco, infusión, limón...) – secado con toalla de microfibra o camiseta limpia – espray con agua floral – tratamiento hidratante sobre cabellos húmedos, como gel de aloe vera o aceite vegetal (largo y puntas) – secado con secador a baja temperatura o al aire libre – coloración vegetal 1 vez al mes o cada 2 o 3 meses – almohada de satén y peinado protector para dormir – mantenimiento de las puntas abiertas en la peluquería.

¿Y si te compras una libretita para anotar las fechas en que te haces los tratamientos, los cortes, con tus comentarios, el estado y la evolución de tu cabello en tal o cual momento, las recetas que ideas y los productos que prefieres? ¡Es divertido y muy práctico!

●●●

Conclusión

Ya estás lista para cuidar de tu propio cabello. Espero que todos estos consejos te hayan permitido descubrir o redescubrir tratamientos, trucos y cuidados capilares adaptados al mantenimiento de la belleza y la salud de tu cabello. Respetar la naturaleza de tu propio cabello, ya sea corto o largo, rizado o liso, lacio o encrespado, permite embellecerlo y conservarlo mucho tiempo con todas sus cualidades. Una rutina de cuidados adaptados a su especificidad, junto con unos hábitos saludables, te aportará plena satisfacción. Lánzate, no te arrepentirás. Ya puedes proclamar a los cuatro vientos: «¡Me gusta mi cabello!».

Índice

"Want some?" She tried to hand me some almonds.

My stomach clenched with nerves. I wished she'd just leave me alone for a while. "No," I said quickly.

She laughed. "You're really scared. Wow."

"Shut up!" I said. I wished Brian was old enough to be on *Treasure Hunt.* Then it might have actually been fun.

For the rest of the ride my stomach was in my throat, and the only sounds were Jaz crunching and the cab driver's music.

When we got to the airport, Jaz paid the driver, and I stood on the curb like I weighed eight hundred pounds. Jaz's eyes raced all over the place reading signs.

"We don't have bags, so we can skip that part," she said. "Okay. There's security." If I wasn't feeling so nervous, I would have been impressed. Jaz somehow knew what to do even though we've never been to an airport. She led me to a long line of people. When we got to the front of the line, a security guard asked us for our boarding passes. Jaz handed him the tickets. Next he asked for our IDs.

"We don't have ID," said Jaz.

"Birth certificate?"

"No."

"No ID, no entry," he said.

Jaz balled up her fists. "We don't have a choice. We're on *Treasure Hunt*. We need to win the money. I'm trying to have enough money for out of state college."

As soon as she said that, I got so mad that I forgot about being scared. *What did she say?! She's got to be kidding!* I thought. *I know she didn't just claim all the money for herself.* Jaz wouldn't have gotten this far without me. She was lucky I couldn't speak because I'd never wanted to tell somebody off this badly in my entire life.

"And we promised my brother a new bike." Jaz was talking twice as fast as normal, completely ignoring the anger on my face.

The man just rolled his eyes. "Next!"

A second security guard stood next to us like she thought something was about to go down. Maybe that was a good idea, since I practically saw smoke coming out of Jazmine's nostrils.

She looked at me. "Do *something*."

But I wasn't about to do one single thing for her. She certainly didn't think about me when she made plans for *our* money. When I didn't answer, she ripped the backpack off my shoulders. "Maybe the *Treasure Hunt* people put something in here."

The backup guard said, "Miss, you'll have to move out of the way."

"Just give me a minute."

"Miss, if you don't move, I will be forced to move you."

Jaz looked at me and then at Steve. She rolled her eyes at the security guard. "Fine."

Jaz marched over to a chair with me trailing about ten feet behind her. She unzipped the backpack and turned it upside down. A bunch of papers, packets of almonds, two bottles of water, and a first aid kit scattered on the floor. *If she would have taken the time to look through the backpack at the beginning like*

I did, she wouldn't need to do this, I thought with a sigh of irritation.

"A-ha!" Jaz cried a few seconds later. She held two papers in the air and flicked her wrists so I could see. "Birth certificates." She scooped everything off the floor and crammed it back into the backpack. Then she marched to the front of the line like she had already won *Treasure Hunt*.

The security guard barely glanced at her. "I'm sorry, miss. You'll have to go to the end of the line."

Jaz got a scary look on her face. "What do you mean, the end of the line?"

The second guard took a step forward, so I grabbed Jaz and dragged her to the back of the line. When we got to the front again, we made it past the checkpoint with no problem and none of the other teams in sight.

At least one good thing came from Jaz's little tantrum: it distracted me from my fear of flying.

CHAPTER 13

Jazmine

After getting past the guards, we had to wait in another line at the security checkpoint. When we finally made it through, I checked the tickets, found our gate, and saw we had about an hour to wait. I couldn't believe how long the security process had taken, and I wasn't looking forward to waiting around even more.

But on the way to the gate, I got happy again. There were restaurants *everywhere*. You could get popcorn, sandwiches, pizza, soda, candy—they had everything. You could go shopping and buy new clothes and a suitcase if you wanted. I headed straight to the pizza place, even though I noticed a bookstore at the last minute. I couldn't really spend money on a book right now anyway.

"What do you want?" I asked Jason.

He just shook his head. Normally I'd insist that he eat something, but he looked like he was going to be sick and I didn't want him throwing up on the plane. I ordered pizza and a soda, and we sat down at a table. As soon as my food came, a little girl bounced over to us. She looked like she was about four. Her hair used to be in two ponytails, but one side was missing a hair tie.

"Hi," she said.

I took a big bite. "Hi."

"I have a present for you." She smiled.

"You do?"

She nodded.

"What is it?"

The little girl handed me a crumpled sticker and a penny, and I thanked her again. She stared at me while I ate, which made me uncomfortable. I noticed Steve filming us, so

I gave the girl a small smile and hoped she'd go away.

Then she handed Jason something that looked like the homemade birthday cards I used to make. He opened it and looked up at me in surprise. "When you get to Texas, report to gate B12," he read aloud.

Jason

Jaz was a different person after she ate. She stood by the window and watched planes take off. It was already getting dark outside. I sat across the room and watched the people. I distracted myself by guessing why they were leaving town. Then they announced our flight was boarding.

Jaz didn't say anything when we got on the plane. I sat in the middle, and she sat next to the aisle. Steve sat a couple seats away in the row across from us.

"No other teams are on this flight," Jaz said as she looked through the rows of seats.

"I think we're back in the lead."

The flight attendants started talking about what to do in an emergency, and Jaz closed her eyes. Now that I was actually on the plane, I started feeling better. I looked through the stack of magazines sitting in a pouch on the seat in front of me as we waited for takeoff.

Soon, a flight attendant stood at the front of the plane and went through safety instructions. When she started talking about landing in water, I could feel my palms getting sweaty. *Calm down, Jason*, I thought to myself. *It will be fine. Just relax—*

I heard Jazmine gasp for breath beside me. I glanced over and saw that her eyes were shut tight and tears ran down her cheeks.

"Jaz?"

She didn't answer.

"Jaz, are you okay? Do you want me to ask Steve to call the chaperone?"

Jaz quickly shook her head, but her body was trembling and I could see beads of sweat forming on her forehead.

"Jaz, are you sick?" As fast as she ate that pizza, it wouldn't surprise me.

Jaz whispered, "My whole face is tingling." She opened her eyes and they were full of fear.

I bet she's having a panic attack, I thought. I'd never seen Jaz like this, and it made me nervous. But I didn't want her to see that I was worried. I did the only thing I could think of and took Jaz's hand. "You need to breathe. In, two, three, four. Out, two, three, four. Close your eyes."

Jaz closed her eyes again and breathed with my counting. Soon her breathing got steadier, and her body started to relax. But I kept counting—it was helping me too. *It's a good thing Steve can't use his camera on the plane*, I thought, relieved.

After what felt like an hour, the plane started to roll backward, and the sound of the engine changed. Then the plane moved forward. It was slower than a car.

Jaz's eyes shot open. "Are we moving?"

I nodded and kept counting. She wiped her face with her sleeve.

"You can stop counting now. I think I'm okay." The plane sped up and Jaz smiled. She giggled as we lifted off the runway. I opened the little shade on the window and we watched the lights on the ground get farther and farther away.

"Thanks, Jason," she said quietly after a few minutes. "I thought you were the one that was afraid of flying, not me."

CHAPTER 15

Jazmine

I couldn't believe I had a panic attack—I didn't even know I was afraid to fly. I waited until the seatbelt light went off, and then I went to the bathroom. My stomach was in knots. By the time I got back to my seat, there was a snack on my tray.

Jason said, "I got you some Ginger Ale."

"Thanks."

"You okay?" he asked.

"Yeah. You?"

"I like it. Think about all the science behind the engine, the wings . . . everything. It's a miracle something this big and heavy can fly. Also, the snacks were free." He popped a cookie into his mouth. He was obviously over his fear of flying. I wasn't so sure about myself.

Jason pulled out some papers from the backpack. "We should read these."

"What are they?"

"Bios. There's a paragraph about every team, and their pictures are at the top."

He handed me two. The top one was about Team Touchdown. I took a minute to look at the cute guy, then I read about how the two had been best friends since kindergarten. The other paper was about Team Double Trouble. Their parents were both Harvard professors. The mom was from Brazil, and the twins were bilingual. *We'll have to watch out for them*, I thought.

When Jason finished reading he said, "I'm pretty sure the girl on Team Heartbeat has a crush on the boy. It was her idea to audition, and apparently the whole *heartbeat* thing was her idea too."

"What's the deal with Team Red Ponytail?" I asked.

"They compete in horse shows. It says if horses have a red ribbon on their tail, it's a warning to other riders that they might kick."

I rolled my eyes. "So, they're saying they're going to kick the competition's butts. Whatever. What about our bio?"

Jason pulled ours out of the stack, and we looked at it together. They used our school pictures. The bio said we were described by our mother as "unlikely teammates who joined forces to do something nice for their little brother." We laughed about the phrase "unlikely teammates."

We spent the rest of the flight joking about the other teams and discussing what advantages we might have over them. For the first time since I could remember, we were actually getting along. Before I knew it, the plane was lowering to land.

We got off the plane and followed the signs to gate B12. I was relieved to see we were the first team there, but the crew of *Treasure Hunt* people in black jackets who waited for us made me nervous.

CHAPTER 16

Jason

Gate B12 was in a different section of the airport that looked like it was closed. There were no people around. When we finally got to the gate, one of the guys in a black jacket handed me a note.

Steve said, "Read it out loud."

I wasn't about to do that on camera again, so I passed the note to Jaz. She cleared her throat and read, "We hope you're not tired. We hope you are strong. The tire is heavy. The runway is long."

The *Treasure Hunt* team walked toward the tunnel that led to a plane, and we followed them. Instead of getting on a plane, they went through a side door and down a set of stairs. We ended up outside in the dark. When we reached the runway at the bottom of the stairs, everyone had to put on headphones. I figured it was because the planes were so loud. The runways looked cool at night. Rows of lights marked the sides, so it looked like a huge highway. We passed four gigantic planes, crossed one of the lanes, and stopped in an area of the runway that was empty. I noticed five tires lying flat in a line, which meant we were the first team there. *If we can do this task and stay ahead, we might actually have a chance to win this thing*, I thought, getting excited.

A voice came through the headphones, and I jumped. "You will now complete the physical challenge of the *Treasure Hunt* competition. You must get your tire from this end of the runway to the other end."

That sounded easy enough. Even though the runway was as long as two football fields and the tires looked like they were from a big rig or a tractor, all we had to do was roll it.

The voice continued. "Keep your tire from touching the ground. If you drop it, you must return to the start line and try again. Good luck—this tire weighs one hundred and fifty pounds."

I weighed more than that, and I could easily imagine two people carrying me to the other end. I knew we could do it. I noticed Jaz saying something to me, but I couldn't hear it. Another person in a black jacket pulled a little mic down from Jaz's headphones and then did the same to mine. *Are they recording all of our conversations?* I wondered.

Jaz said, "Those tires look heavy."

"It's not that bad. There are two of us."

"I think we should just grab it and go as fast as possible, before we get tired."

I wasn't sure that would work. *There has to be a trick to it*, I thought. *They wouldn't give us a challenge where all we have to do is pick it up and walk. That seems too easy.* "Let's test it out," I said.

We stood on either side of the tire, faced each other, and picked it up. The tire was heavy, but it wasn't impossible to lift. The problem was the distance. If our hands got sweaty or sore, we'd drop it.

"Stop thinking," said Jaz. "Let's go."

She started walking, and unless I wanted to start out by dropping the tire, there was nothing I could do but follow her. As soon as we started, a big digital clock at the other end flashed 45:00. It was so dark outside that I hadn't even noticed it before. The clock started counting backward.

"What's that clock for?" I asked through the mic.

"The clock shows the time remaining before the flight to your next destination departs. If you miss it, you will not be disqualified, but you will have to wait for the next flight."

"How long is that?" I asked.

"Two hours."

The tire was lopsided because Jaz was so much shorter than I was. I lowered my side, so she wouldn't get extra weight. We sidestepped toward the finish line. Steve sidestepped next to us, and a woman with a camera on wheels followed. We weren't even halfway there when Jaz started panting into the microphone.

"Do you want me to walk backward?" I asked.

She nodded. We turned so Jaz could walk forward. She sped up right away. "This is way better."

"Not for me. I can't go backward that fast. Slow down."

Jaz blew out a puff of air. "We've already used fifteen minutes. We can't slow down."

I looked at the start line. "No one else is even here yet."

It was like I hadn't said anything at all. Jaz kept pushing me backward, and I struggled to keep the pace. "You're gonna make us drop it!" I yelled.

Jaz's face was sweaty and all twisted up. She walked even faster and I tripped. "You're a jerk. This is why you don't have any friends," I said. "You don't know how to get along with other people." I didn't care if the camera was rolling—it was true, and I was sick of her bossing me around.

"I have friends!" Jaz protested.

"No, you don't. Everyone knows it."

Jaz completely lost it. She screamed at me. "This tire is too heavy and you're too slow and you get on my last nerve!"

"I'm the one who got us to the train station. I'm the one who got the plane tickets from that lady. If we lose, it'll be *your* fault, not mine!"

The tire slipped a little. I stopped walking and leaned into the tire so she'd have to stop. There was no way we were getting to the other end like this. And I was *not* going to let Jaz tell me what to do anymore.

"Do you want to win or not?" I asked.

Jaz didn't answer, but I could tell she was concentrating on calming down. Of course she wanted to win. It wasn't just because she wanted the money for college either. Jazmine always had to win. She always had to be right.

"What if we both walk forward," she said after a few seconds. "Even though we'd be one handed, it would be easier to walk, and we might even be able to jog."

I shook my head. "It's too heavy to do it with one hand."

Jaz held the tire with one hand. She tucked her fingers into the rim so she'd have a good grip. "See? It's easier."

I still wasn't convinced, but decided it was worth a try if it shut her up. After six or seven steps, her muscles started to shake. I felt the tire going down, and I tried to catch it, but I couldn't. Her end hit the ground.

CHAPTER 17

Jazmine

"Seriously, Jason?" I yelled.

He glared at me. "How is this *my* fault? You're the one who dropped it. Always trying to hurry. If you would have slowed your roll, the tire wouldn't have fallen."

"You should have been ready to catch it," I said, fuming. "You know you're stronger than me."

Jason didn't say anything. He just stood the tire up and rolled it back to the start line. By the time we got there, Team Touchdown was picking up their tire. If they were as strong as they looked, they would definitely make the next flight. Less than half the time was left on the clock, so Jason and I would have to run to get to the other side of the runway to make the flight.

Team Touchdown took off down the runway the same way Jason and I did the first time—sidestepping their way there. But they were going fast, and they made it look like their tire weighed twenty pounds.

Jason's slow voice came through the headphones. "Okay, let's try putting it on our shoulders. If we do that, we can both walk forward. Then if you get tired, we can turn our bodies around and switch shoulders."

It actually wasn't a bad idea, but I wasn't about to tell him that. "Fine," I grumbled.

I struggled getting the tire on my shoulder, but I managed to get it. We fast-walked down the runway, with Jason bending down some to take extra weight off of me. Team Touchdown was already at the halfway mark, but there were only twelve minutes until takeoff. There was no way they were going to finish the race, find the gate, and get on the plane in time.

That meant we weren't going to make it either.

The tire dug into my shoulder. "I need to switch sides," I said.

We had to stop walking to adjust the tire, and while I was turning around, I saw Team Heartbeat had also made it onto the runway. They were gaining on us by copying our strategy. *Whatever. None of us are going to make the stupid flight*, I thought.

I watched Team Touchdown cross the finish line, drop the tire, and do a dance that ended with them bumping chests. There were five minutes on the clock. One of the *Treasure Hunt* people handed them something, and they ran up the stairs back into the airport. I tried not to let it distract me. *They're celebrating and running for nothing, they'll never make it.* Everyone else's failure was all I had to hold onto.

The clock had been flashing 00:00 for at least ten minutes by the time we finished. What made it worse was that Team Heartbeat crossed right before us.

The girl smiled at me. "That was crazy, huh?"

"That's one word for it," I said.

CHAPTER

18

Jason

By the time we crossed the finish line with our tire, Jaz looked like she was about to cry. She didn't say a word as the *Treasure Hunt* crew member handed us an envelope with our team name on it and led us back into the airport. I took the envelope and noticed she was cradling her left hand.

"Let me see your hand," I said.

She held it out and I saw that she had cut it on the tire, all the way across three of her fingers. Steve did a close up of her hand. It didn't need stitches or anything, but I walked her to the bathroom and waited while she washed it off. When she finished, I took out the first aid kit that was in our backpack. I wrapped each finger in a bandage.

"Thanks," she said.

I put my arm around her. She was a pain in the butt, but she was still my sister.

"Umm . . . You stink." Jaz took my arm off of her shoulder and laughed.

I shrugged, smirking. "Maybe because I did all the work."

She rolled her eyes and shoved me, but Steve interrupted us. "Jazmine, Jason, tell us what you thought of the tire challenge."

The show always had these little interviews with the teams after certain parts of the hunt. I knew this was going to be on TV. I said, "It was pretty hard. The tire was heavy, and it kept slipping. At least we made it."

"Jazmine, do you have anything to add?" Steve aimed the camera at her.

All she said was, "It was interesting." She turned away from Steve and pulled something out of the envelope. Suddenly her face broke into a grin, and she handed it to me.

I read the ticket. "Seriously? We're going to *New York City*?"

Jaz nodded in excitement, and it was like the Tire Challenge never happened. We had always wanted to go to New York City.

Jaz elbowed me. "Look! Team Touchdown missed the plane too!"

Team Touchdown was sitting in the corner looking like the world's biggest, poutiest babies. I chuckled.

When they announced it was time to board, four teams were at the gate: us, Team Touchdown, Team Heartbeat, and Team Double Trouble. Team Red Ponytail was nowhere in sight. The best part was, now that no one was ahead of us, Jaz relaxed—sort of. We spent the whole flight naming famous people and landmarks in New York.

CHAPTER 19

Jazmine

The flight to New York went a lot better than the one to Texas. And even though we lost our lead, we weren't behind anyone. I was also relieved that we finally had some time to rest. *Treasure Hunt* was a lot of work. No wonder people had bad attitudes by the end of the show. Half the time they wound up hating the other person on their team. They always talked crap about each other in the solo interviews at the very end.

Jason, of course, had us sitting with the other teams on the plane. They were all talking and laughing about the challenges so far like they weren't competing against one another. But I wasn't here to make friends. I was here to win.

My parents said I couldn't go to an out-of-state college because of the higher tuition and the extra fees, but I wanted a major change of scenery. If I won this money, they would have to let me go. I had certainly put in the work to get into those schools.

In the middle of me eavesdropping on all the chattering, we heard a buzzing noise. The girl from Team Heartbeat figured out it was coming from her backpack. Then one by one, we all realized our backpacks were buzzing.

There was a tiny side pocket we hadn't noticed. Inside was a black box. It looked like a cross between a tiny walkie-talkie with no antenna and an old fashioned cell phone.

"What is this?" asked the cute boy from Team Touchdown, looking confused.

Steve cracked up. "A pager."

He frowned. "What's that?"

"It's the grandfather of the smart phone. People used them to get in touch with someone. They typed in their phone number, the pager received it, and the person called them," said Steve.

"So you can't talk on them?" asked one of the twins.

Steve shook his head. I looked at the pager. Instead of a phone number, there was a message: "Team Red Ponytail Disqualified: Altercation."

"Altercation?" asked Jason.

I laughed. "It means they got into some kind of fight. Maybe they kicked somebody."

Now we had a twenty-five percent chance of winning. But since we had been ahead most of the time, I figured it was more like a fifty-fifty chance. I decided it was a good idea to get to know what made everyone tick before we got off the plane, so I chatted with them too—just in case.

CHAPTER 20

Jason

I couldn't believe Jaz was actually talking to people. She asked everyone's name too. She asked a bunch of questions about what they liked to do, what kind of grades they got, and what their favorite subject was in school. I guess she did okay for someone with no social skills. I kind of thought it was because she liked the guy named Santiago on Team Touchdown.

The plane ride was fun, but I probably should have slept. My exhaustion hit me when we got off the plane. My legs felt shaky, and I was starving. When we got outside, the sun had come up and there were four limos parked in a row. They all had a sign on the front window, each with a different team name on it.

Before we got to our limo, the driver hopped out and opened the door for us. Steve filmed us grinning like two fools as we got in, then he climbed in with us. The limo had bottled water, soda, and a bunch of snacks, but I wanted real food. I grabbed a bottle of water while Jaz stuffed all of the snacks in the backpack.

"Why are you stealing the snacks?" I asked.

"I'm not stealing. They're ours. I don't want to have to spend money on food, just in case we need money for the next challenge."

I didn't say anything, but I was absolutely planning to buy food.

CHAPTER 21

Jazmine

Our limo drove us through the streets of New York City and dropped us off in front of a big, fancy hotel. When we checked in, the clerk gave us one key, a gift card for the hotel restaurant, and a *Treasure Hunt* envelope. I was too tired for another clue, but I opened it anyway. It was the best note yet because it wasn't a clue after all: "Beginning at 10:00 a.m., you are on a mandatory three hour rest period. You may not leave your room during this time."

Our hotel room was crazy. It was on the twentieth floor, and it had a huge TV. I opened the closet and found two robes inside.

"Jaz! Come here!" Jason was in the bathroom with the door open.

"Umm, no thanks."

"No," he said. "I mean, you have to see this."

There was a TV in the bathroom mirror. I touched it, but it was like it wasn't there. It was literally inside the mirror. You could do your hair and makeup and watch TV at the same time. The TV was on the hotel channel, so it only showed information about room service, the business center, and other things the hotel could help you with. Jason tried to change the channel, but the remote didn't work. He went to the TV in the bedroom. It would only show the hotel channel too.

Jason frowned. "Mandatory rest period means no TV?"

"No. I think TV means possible access to helpful information, so no TV."

"Oh."

Jason sat on the bed with the hotel menu. "Why are two eggs fourteen dollars?"

Everything on the menu was a rip off. We spent the whole gift card on breakfast. I was glad he decided to take a shower while he waited for his food. He really did stink—I wasn't just teasing him. Plus I needed some time alone. No Jason, no Steve, no camera.

We both fell asleep after we ate, but a knock at the door woke us up. I looked at the clock. The rest period was over. Jason peeked through the hole in the door. "It's Steve."

As soon as Jason let Steve in and shut the door, there was another knock. It was room service again. An older man wheeled in a tray with a silver covered dish on it. He took our breakfast cart with him when he left.

"We don't have time for you to eat again," I said. "Rest time is over."

Jason frowned. "But I didn't order anything else. Honestly."

Steve started filming as I pulled the lid off the dish. It was *Treasure Hunt: Clue Three*. This one was in a thick envelope. Before I could look inside, the pager buzzed. I grabbed it out of the backpack, and Jason looked over my shoulder. "Team Double Trouble Disqualified: Violation of rest period."

Big surprise, they cheated, I thought. *I knew there was something off about them.* "Figures. They were snobby anyway, with their Harvard-sweatshirt-wearing parents."

"Are you kidding?" asked Jason. "You're criticizing their Harvard sweatshirts? You're applying to Harvard. Anyway, they were nice. How can you assume they were trying to cheat?"

"I don't know, maybe they just thought the rules didn't apply to them." I rolled my eyes. "And were they nice when they laughed at you outside the hotel?"

Jason looked down. "They were nice on the plane."

"You know, that's your problem, Jason. You're too friendly. They were probably just being nice to make you lower your guard. They were stuck up."

He glared at me. "You're the one with the problem, Jaz! All you care about is yourself. You don't understand people because you have exactly one friend. And she's only nice to you because her mom *makes* her be nice." Jason clenched his teeth.

I couldn't believe he was embarrassing me like this on camera. "You can say what you want about me, but I'd rather have good grades than a bunch of friends. At least I'm not in a special reading class."

Apparently I went too far, because Jason did something I had never seen him do. He exploded. "SHUT UP. I *can* read. And I can certainly read people. I knew you had your own selfish reason for coming on this show. *I* wanted to buy a new home theater so we could all spend more time together as a family, but you want all the money for yourself. You're so foul, your own mama didn't want to send you on this show. She was worried you'd start some mess. I had to promise her I'd try to keep the peace. And I did try. But I'm done."

"What?" I couldn't believe it. *My own mother didn't trust me to act right on TV?*

"Yeah, Jaz. You think you know everything. You think you're so perfect. But my friendly personality has cracked every single clue so far. And you're so arrogant, I bet you thought it was all you."

"I didn't even know you *knew* the word arrogant." I knew that was going too far, but I didn't care.

Jason snatched the envelope out of my hand and sat on the bed. "From now on, we're doing this my way." He started reading a pamphlet.

We had already lost almost half an hour. "We have to go, Jason."

He glared at me until I looked away.

CHAPTER 22

Jason

I don't hate anyone, but if I did it would be Jazmine. It took *Treasure Hunt* for me to realize I didn't have to feel bad about myself. She'd never get anywhere with her personality.

I could feel her staring at me while I read the pamphlets in the envelope. I didn't care. I really was done. I was going to win this contest for Brian. Not only that, I was buying the home theater. There was no way my parents would let her keep all the money. I read the hotel brochure first. I took my sweet time too.

Jaz tried to grab the envelope from me. I stood up and used my size as a dare. She backed off and said, "It's been an hour. Everyone is probably running all over New York City right now."

I ignored her, pulling out a magazine about New York City. The cover was split into four sections. Each one showed a different place to visit: a ballpark, a train station, a city park, and a skyscraper. I read every single article.

Jaz sat on her bed, crossed her arms, and stared at me while I read one article after another. I liked being in control for once. The envelope included a thick guide about New York, but there was no way I could read that whole thing. We really would lose if I tried to do that. I looked at the table of contents so I would at least know what was in it. I found a clue inside. It was another riddle, but there was no way I was giving it to Jaz. I read it five times while she glared at me. *Good*, I thought. *She can see what it feels like to be ignored.*

People come from near and far,
By bus, by plane, by train, and car.
They do not mind the bustling crowd.

This one spot makes New York proud.
There are things to see, and eat, and drink;
Everything but the kitchen sink.
You can be up high or way down low,
You can take a tour whenever you go.
This is a place in movies and books;
A place with many crannies and nooks.

The last time I read it, I *knew* where we had to go. Jaz was right about one thing: the other teams were probably running all over New York City. But they didn't need to. This place was right underneath our hotel.

I put the papers in the envelope, threw it to Jaz, and said, "Let's go."

CHAPTER

23

Jazmine

I couldn't believe Jason. We sat in the hotel room for so long while he read that Steve turned his camera off. I was tempted to scream at Jason and snatch the clues away from him again, but I knew he would put up a fight like last time. While I waited for him to finish, I had way too much free time to think about what Jason said.

He was right about one thing. I didn't have friends. But he was wrong about why. By the time I got to high school, I realized the best chance for me to have the life I wanted when I grew up was to go to a good college.

I studied so hard I stopped hanging out with my friends. Then they stopped inviting me anywhere. I was alone all the time, so I studied more. Eventually, the only people who tried to talk to me were just trying to study with me because I was smart. I wasn't happy about it, but at least I would have the chance to start all over in college.

But Jason knew everyone in the entire school, and they all liked him. He could talk about me if he wanted to, but he didn't know the first thing about me. He didn't know what it was like being the little nerdy one. He didn't know what it was like spending all day surrounded by people you had to compete with. Jason is popular, and a popular kid would never understand what it's like to be me.

When Jason stood up and said, "Let's go," I was glad for the interruption.

He left the hotel room without looking back, with Steve following behind him. I had to jog down the hallway to keep up with them, and I tried to read the poem on the way. The paper jiggled and I couldn't read it until we got in the elevator. It made no sense to me at all. The treasure could be anywhere. The elevator doors opened right when I took out the magazine. I had just enough time to see there were four places featured on the cover. I had no idea which one Jason was taking me to.

"Jason, where are we going?"

"Let me worry about that."

I rolled my eyes. *Now he's the one being a jerk.*

But I *was* worried. Jason might have the clue totally wrong. "The poem said it was crowded. Are we going to the ballpark?"

Jason didn't answer.

"The park?" *Come on, Jason, tell me something*, I thought.

Jason walked faster through the hotel lobby. His eyes searched for something, but I didn't know what. He must have found what he was looking for because he made a sharp turn before we got to the hotel front doors. We ended up in some kind of maintenance hallway. I couldn't tell if it was part of the hotel.

"Where are we going?" I asked again.

Even though I was behind him, I could tell he was smiling. I wanted to wipe that smile right off his face. Finally I said, "If you don't answer me, I'm taking these clues and I'm going out on my own."

Jason just said, "Bye."

He called my bluff. We both knew the rules said we couldn't split up. We'd be disqualified. It would be so embarrassing if everyone got a message that said, "Team Williams Disqualified: Sibling rivalry." So I was stuck trailing behind my brother. It was the blind leading the blind.

There were glass doors at the end of the hall, and people rushed by. Jason pushed open a door and stopped. It looked like we were in an underground mall. There was a drug store, a place that sold fancy dresses, and a market. Jason turned left. We passed an electronics store and a place that sold watches. *This doesn't fit the clue at all*, I thought, panicking.

Jason rushed along like everyone else. People bumped into me, and I had to swerve to avoid them. Some of the people looked like they were coming from work. Some pulled suitcases on wheels. Some looked like they just had the worst day of their lives. I could totally relate to them. The whole time I was dodging people, I was on the lookout for Team Touchdown and Team Heartbeat. But for all I knew, they had already won.

Further along there was a big archway that said Main Concourse and opened into a large hall. Once we passed under that, I knew where we were. We were in a train station. There were smaller archways labeled with track numbers and a lighted sign with departure and arrival times.

Jason stopped to look at the sign.

"Are you sure this is where we're supposed to be?" I asked.

He glared at me. "Are you sure it isn't?"

"No," I mumbled. I wanted to go off on him about running into this plan without talking to me about it first, but now wasn't the time.

Jason seemed pretty confident this was the right place. I didn't get a chance to read any of the information, so all I could do was follow him. He looked to be stuck now, though. I tried not to stomp my foot in frustration. My eyes darted around the crowds, looking for anyone wearing a yellow or blue tracksuit.

"Give me the poem," he said.

I handed it to him and watched his lips move while he read it. "We need to check all the corners and not obvious places."

"We don't have time to check all the corners!" I screamed so loud my voice echoed. The people passing by moved away from me, which, honestly, was probably a good idea.

CHAPTER 24

Jason

I could tell Jaz was furious. She didn't think I was right, but she couldn't tell me I was wrong because she had no idea where we were supposed to go. If we lost *Treasure Hunt*, this moment still made it all worth it. Especially since I was positive we were in the right place.

The article about the train station had a paragraph about all of the eateries and shops in the station. It actually said the line *find everything but the kitchen sink*, just like the poem. Not only that, but we were trying to *find* something—even if we didn't know exactly what it was. But I don't think it was the kitchen sink. Another paragraph said they had filmed movies here. Now I just had to figure out what to do next.

While I was trying to decide, Jaz shoved me hard. I stumbled into the room where the ticket machines were. Steve jumped out of the way, then aimed the camera at me.

"Why did you do that?" I demanded.

"Team Touchdown is here," she whispered frantically.

I tried not to panic. "Well, now we're stuck in a room with only one way out."

Jaz peeked out. "They're at the information desk. Maybe we can make a run for it."

"In our red outfits?" As soon as I said it, I knew what we needed to do. "Jaz, take off your jacket."

"What? Is that allowed?"

"We'll stand out in these. Just do it." I took off mine and threw it behind a ticket machine. Then Jaz did the same.

Team Touchdown was still at the information desk, talking to the person in the booth. I led Jaz and Steve up the nearest flight of stairs. When we got there we hid behind a sign until they left. I realized we were hiding outside of a restaurant, and the waitress was staring at us.

"Are you guys okay?" she asked.

"Yeah," I said. "But maybe you can help us?"

"I'll try."

I knew Jaz probably thought I was wasting our time again, but I didn't care. "We're trying to find hidden corners or secret places in the station. Nooks and crannies."

"Hmmm. The only thing I can think of is the Hall of Secrets," she said.

"What's that?" My heart thumped in my chest. I had a feeling that was *exactly* what I was looking for. I looked at Jaz, and instead of being frustrated, she looked as excited as I felt.

"It's an old spot in the station—it has the most beautiful architecture. And the design makes sound travel really well. They say if you stand in opposite corners and whisper into the wall, you can hear each other."

She gave us directions and we sprinted to the Hall of Secrets. It was on the far side of the station, and we were the only ones there. Jaz and I stood in separate corners like two boxers and faced the wall.

For a moment, I just stood there. Then I took a deep breath and asked, "Can you hear me?" I felt dumb talking to the wall.

"Oh! Yeah—I can!" Jaz's voice came back loud and clear.

If I had time I would have wanted to figure out how it worked, but with Team Touchdown wandering around somewhere, I knew we had to hurry. Before we could figure out what to do next, a woman walked into the hall.

"Does this really work?" she asked us.

I nodded. "It's weird."

"Will you whisper something to me?" Jaz gave me a "we don't have time for this" look, but I wasn't going to be rude.

I went back to my corner and whispered, "Hello."

"Helllooooooo," she said back. "I have something for you."

I turned around and she grinned. She walked over and handed me a key.

Our eyes widened in shock.

"What does it open?" I asked the woman.

She just smiled and disappeared up the stairs.

CHAPTER 25

Jazmine

I stared at the key resting in Jason's palm in surprise. I didn't want to admit it, but Jason had this whole thing figured out just by sitting down and looking at the materials. He had been right this whole time. We didn't have to rush around. We needed to take some time to think. We needed other people's help.

"Now what?" I asked.

"I don't know. I guess we start trying doors."

We were like spies, sneaking around the train station, looking out for Team Touchdown and Team Heartbeat. We had to duck twice to avoid Team Touchdown, but we could tell they didn't have a key. We started by trying doors in the main hall, but the key didn't work on any of them. After a while, we were out of doors.

Jason stopped and looked around. "The tracks," he said.

I followed him through an archway that led to the tracks. Ramps led passengers down to where the trains stopped, but there weren't many people waiting in the middle of the afternoon. The trains ran below us, and a walkway ran the length of the building across them.

Jason found a door tucked behind a wall. "There are doors down here. It looks like there's a pattern. A door above each track."

"Jason, there are at least twenty tracks. That's going to take forever."

He turned to me and grinned. "Well then, we better run."

We ran from door to door trying the locks. After about five doors, I spotted Team Touchdown trying doors on the other end. I pointed them out, and Jason's eyes got big. For once, he didn't stand there and think about it.

CHAPTER 26

Jason

There was only one thing to do, even though I hated it. I gave Jaz the key. She was faster than me when she ran, even though I had longer legs. She also had a steadier hand. She was our only hope. And if Team Touchdown got to the correct door first, we were out of luck. It was all a game of chance now, and the only advantage we had was speed.

I didn't have to tell Jaz what I wanted her to do. It was like in track, when they hand the baton to the last runner. I ran behind her as she tried door after door. A few people moved out of our way when they saw us coming.

We were definitely moving faster than Team Touchdown, even though they sped up when they saw us.

There were only five doors left between us and them. Jaz was so focused she didn't fumble at a single lock. Two doors down, the key worked.

Team Touchdown saw our door open and stopped running. They made their way to us with defeated looks on their faces. There was nothing for them to do now but watch.

Jaz pushed the door open just a tiny bit. I peeked in over her head. The room wasn't much bigger than a walk-in closet. There were cameras in the corners and screens on the wall. We could see ourselves and Team Touchdown behind us. Another screen showed Team Double Trouble sitting in their hotel room watching us on the TV. A third showed Team Red Ponytail back at the Lindale Chamber of Commerce building watching us. The last screen showed Team Heartbeat running up and down the bleachers at the ballpark. They never had a chance.

A man sat in a chair watching the screens.

I said, "Excuse me?"

He didn't turn around. He just said, "Be right with you."

I tried to figure out why his voice was familiar. Then he turned around. Jaz and I cracked up. It was Mr. Beefy Burger himself. He grinned at us and said, "Fannnnn-taste-ic!"

He walked over and handed us each a bag of Mr. Beefy Burger food. "Congratulations! You must be hungry!"

"My little brother, Brian, loves your commercial!" I said, still laughing. "And your food. Can you say hello to him?"

Mr. Beefy Burger asked my brother's name, then faced the camera. "Helllllllloooooo, Brian! Thanks for your support. Mr. Beefy Burger is a proud sponsor of *Treasure Hunt*, and we're going to send you a Mr. Beefy Burger T-shirt!"

I looked at Jaz. She was already shoving fries into her mouth.

CHAPTER 27

Jazmine

Mr. Beefy Burger and Jason stood with me and we faced the camera. Mr. Beefy Burger said, "I have something for you!" He pulled something from his pocket.

When I saw another *Treasure Hunt* envelope I almost had a heart attack. We were supposed to be done. This was supposed to be where we got a gigantic fake check that said $20,000 on it. I was ready to go home. Mr. Beefy Burger handed the envelope to Jason, who looked like he wanted to cry. And not happy tears either.

Jason opened the envelope. Inside was a

normal-sized check for $20,000. I screamed and hugged Jason. I didn't think he would hug me back, but he did.

He turned to the camera and held up the check. "Bri! We did it! You're getting a new bike, man!"

I imagined Brian's face when he found out we won. He would be so happy. I wanted to say something on camera too.

I cleared my throat. "I have something to say. I owe Jason an apology. I said some really horrible things to him. He didn't deserve that. He is the kindest, most patient person I know. He's not dumb. He figured out the last clue totally by himself. I would have missed every clue in the packet, and we would have lost."

Jason looked at the ground, suddenly all shy. Steve aimed the camera at him, and he said, "Thanks, Jaz. I know you just wanted us to win."

I took Jason's hand and lifted it in the air. Team Touchdown and their cameraperson clapped for us.

Steve said, "Tell viewers what you'll do with the money."

Jason and I looked at each other. That was the twenty-thousand dollar question. Neither one of us wanted to answer it, either. As far as I was concerned, we'd done enough arguing on camera.

"Well?" said Steve.

At the same time, Jason and I said, "Split it."

ABOUT THE AUTHOR

Nikki Shannon Smith is from Oakland, California, but she now lives in the Central Valley with her husband and two children. She has worked in elementary education for over twenty-five years and writes everything from picture books to young adult novels. When she's not busy with family, work, or writing, she loves to visit the coast. The first thing she packs in her suitcase is always a book.

Escape!

The Island

THE ONE

The Right Note

Treasure Hunt

Warrior Zone

MASON FALLS MYSTERIES

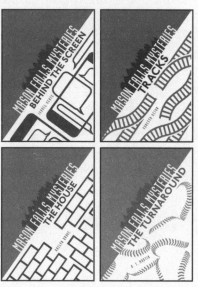

EVEN AN ORDINARY TOWN
HAS ITS SECRETS.

SUDDENLY
ROYAL

Becoming Prince Charming

Family Business

Next in Line

A Noble Cause

Royal Pain

Royal Treatment

**THE VALMONTS ARE NOT YOUR
TYPICAL ROYAL FAMILY.**